U0628524

地球文明壮观

DIQIU WENMING ZHUANGGUAN

才学世界 主编：崔钟雷

吉林美术出版社 | 全国百佳图书出版单位

图书在版编目（CIP）数据

地球文明壮观／崔钟雷主编．—长春：吉林美术
出版社，2010.9（2022.9 重印）
　（才学世界）
　ISBN 978 - 7 - 5386 - 4691 - 7

　Ⅰ.①地… Ⅱ.①崔… Ⅲ.①文化史 - 世界 - 青少年
读物 Ⅳ.①K103 - 49

　中国版本图书馆 CIP 数据核字（2010）第 174784 号

地球文明壮观

DIQIU WENMING ZHUANGGUAN

主　　编	崔钟雷
副 主 编	刘志远　芦　岩　杨亚男
出 版 人	赵国强
责任编辑	栾　云
开　　本	787mm×1092mm　1/16
字　　数	120 千字
印　　张	9
版　　次	2010 年 9 月第 1 版
印　　次	2022 年 9 月第 4 次印刷

出版发行	吉林美术出版社
地　　址	长春市净月开发区福祉大路5788号
	邮编：130118
网　　址	www.jlmspress.com
印　　刷	北京一鑫印务有限责任公司

ISBN 978 - 7 - 5386 - 4691 - 7　　定价：38.00 元

前　言
foreword

历史不仅仅靠文字记录，一块青石、一根圆柱，哪怕是一尊残破的雕像都是历史沉默的诉说者。古老的地球孕育了凝结着无数人类智慧与劳动的历史奇迹。今天，这些文化瑰宝仍闪耀着夺人心魄的光芒，成为全人类共同拥有的宝贵财富。

本书精选了多处世界文明奇观，并予以详细介绍，希望能够让读者在阅读中探究过去、缅怀先人。

本书采用图文结合的形式详细介绍了世界各大文明奇观。全书内容按亚洲、欧洲、非洲、大洋洲、美洲的顺序，用通俗易懂的语言从地理位置、历史背景、艺术价值、历史意义等多方面加以介绍和说明；同时，全书选取数百张精美珍贵的图片展现出世界文明奇观的恢宏浩大，满足您探索文明，了解世界的愿望，使您足不出户便能浏览大千世界的神奇景观。

斑驳的城墙记录历史的沧桑，古老的钟楼承载曾经的辉煌。让我们共同阅读历史，重温昔日的繁华与美好。

编　者

CONTENTS

美 洲

CONTENTS

地球文明壮观

DIQIU WENMING ZHUANGGUAN

亚 洲

文明壮观

长 城

长城

所属大洲：亚洲

所属国家：中国

始建时间：约公元前 3 世纪

长城是中国人民勤劳、勇敢、智慧的象征，同时它也代表着中华民族不屈不挠的精神。它蜿蜒于大漠戈壁，盘旋于崇山峻岭，宏伟壮阔的气势中透露出深沉与威严，令天下人无不为之惊叹！

长城西起嘉峪关旁，东至鸭绿江畔，匍匐于崇山峻岭之中，横跨辽阔的戈壁草原，好似一条巨龙，奔腾飞舞于广袤无垠的中华大地上，绵延上万里。

"长城"一词有广义和狭义之分：广义的长城是指中国古代所有的巨型军事体系。狭义的长城，则是针对中国北方阻隔少数民族南下的万里长城。从结构上看，长城作为一个庞大的国防工程体系，它的主体部分是垣墙，其中包括关隘、兵营、城障、卫所、墩台、烽燧、道路等许多军事设备及生活设施。观察、通信等功能综合起来与大量长期驻屯的军队相配合，形成了严密的军事防御体系。

作为长城主体部分的城墙，底部一般用巨大的条石或方石做基础，其墙体两侧，用每块重约十五千克的城砖包砌，中间填以碎石和黄土。墙体上部平铺三四层方砖，用石灰抹缝，十分坚固。居庸关一带城墙高8.5米，一般情况下山势陡峭的地方矮一些，山势平缓的地方相对高一些。城墙墙基的宽度为6.5米，墙顶平均宽4.5米，墙顶宽度较大的地方，可容五马并行、十人并进。陡坡处用砖砌成阶梯

状，以便于行走。

长城下的敌台和墙台面积较小，因此只能容纳很少的士兵，它们的作用是供士兵放哨站岗、遮蔽风雨。真正有紧急情况时，临时从远处调兵遣将恐怕难解燃眉之急，因此，在长城内侧沿线还建有许多城堡，实际上就是兵营。根据这段长城的位置重要与否，这些城堡有大小之分，但都建在长城附近，与长城构成犄角之势，一旦有紧急军情，招之即来。

最早的长城出现在春秋时期的楚国。秦始皇统一六国后，派将军蒙恬北伐匈奴，将燕、赵、秦等国的长城连接起来，并加以增修扩建。秦长城西起临洮，东至辽东，绵延万里，是中国历史上第一条真正意义上的"万里长城"。汉高祖刘邦称帝，建立了汉朝后，为了防止匈奴南犯，又大规模修筑长城。

南北朝辽、金、元，北魏、东魏、北齐、北周、隋、辽、金等是修筑长城的主要朝代，这些由少数民族建立的政权，为防止外来民族的侵犯，保卫领土安全，也仿效秦汉修筑起长城。

而历史上修建规模最大、历时最长、工程最坚固、设备最完善，同时也是我国历史上修筑的最后一道长城，是明长城。它东起辽东的鸭绿江，西至甘肃的嘉峪关，全长六千三百多千米。有人计算过，若将明代修筑长城的砖石、土方，用来修筑一道 5 米高、1 米厚的大墙，可绕地球一周有余。由于明长城离我们生活的时代较近，且又修筑得雄伟坚固，所以保存下来的遗迹较多，人为和自然损害较少，至今还比较完整。

位于北京昌平县西北部的居庸关，自古以来就是北京地区西北方

八达岭长城

的一道屏障，是明长城最负盛名的雄关之一。它以险要的地理环境和特殊的地理位置而成为南下北京的要道，因此，居庸关在军事上有着举足轻重的地位。唐代边塞诗人高适在描述居庸关路险关雄时写道："绝坡水连下，群峰云其高。"完全表现出了居庸关的雄奇险要。居庸关在岁月的长河之中虽始终是兵防重镇，却屡易其名，三国时称"西关"，北齐时改为"纳款关"，唐朝时又先称"蓟门关"，后改为"军都关"，由辽以后经金、元、明、清至今，一直称为"居庸关"。

地处明代万里长城的最西端，位于甘肃省河西走廊西部的嘉峪关关城始建于明洪武五年（1372 年），距今已有六百多年历史。相传，在当年建关时，对于这样巨大的工程，工匠们对建筑材料计算得非常精确，建造完毕后，只多出一块砖。这块砖就放在西瓮城门楼的后檐台上，表示后人对前辈工匠的崇敬之情。

著名的孟姜女庙坐落在山海关城东 6.5 千米的望夫石村的凤凰山上。孟姜女哭长城的故事自古流传，而这个故事之所以家喻户晓，是因为许多朝代的统治者为修筑长城，强加给人民各种徭役赋税，人民遭受到很大的苦难，使得无数幸福的家庭妻离子散。而今，长城曾有过的金戈铁马、逐鹿争雄早已不复存在，随着和平时代的到来，它日渐失去了原有的军事价值，完成了它的历史使命。现在它已不仅仅是历史的遗迹，更是友谊的纽带和旅游的胜地。

 小百科

　　居庸关被誉为"天下第一雄关"。早在春秋战国时期，居庸关被称为居庸塞，到汉朝时已初具规模。南北朝时，居庸关成为长城上的重要关隘，此后，唐、辽、元等数朝皆在此建筑关城。

文明壮观

秦始皇陵

秦始皇陵
所属大洲：亚洲
所属国家：中国
始建时间：公元前 247 年

这里有造型逼真的兵马俑，这里有气势恢宏的兵俑方阵，这里有复杂华丽的地下宫殿，这里更有不计其数的奇珍异宝。这里就是神秘的秦始皇陵。它以其丰富的内涵吸引着人们的关注。

秦始皇陵始建于公元前 247 年，位于离西安市三十多千米远的临潼县骊山脚下。秦始皇兵马俑坑是秦始皇陵的陪葬坑，它在陵园东侧 1 500 米处。

作为历代帝王陵墓中最大的陵墓，秦始皇陵起初高 120 米，虽历经 2 000 年的风雨及人为破坏，仍有 76 米高，它由公元前 246 年继位的嬴政建造。公元前 221 年，秦统一六国后，又从全国征 70 万人到骊山，按"死乃以生"原则，由李斯设计、大将章邯监工修造陵墓，历时 36 载，直到嬴政 50 岁驾崩时建成。

秦始皇陵坐西朝东，体现了君主专制和皇权独尊，其总面积达二百一十八万多平方米。陵园有内外两重夯土城墙，呈南北狭长的"回"字形。内垣南北长 1 300 米，东西宽 578 米；外垣南北长 2 513 米，东西宽 974 米。内垣墙基宽 10 米，夯层厚 5 厘米～8 厘米；外垣墙墓宽 6 米～7 米，夯层厚 6 厘米～8 厘米。秦始皇陵的陵冢高 43 米，底边周长一千七百余米，筑有内外两重夯土城垣，象征都城的皇城和宫城。内城略呈方形，周长 3 890 米，除北面开两门外，其余三面各开一门。外城为长方形，周长 6 294 米，四面各开一门。陵冢位置在

陵园南部。

　　为了体现"事死如事生"的礼制，秦始皇把陵墓按照都城咸阳的布局来建造，遵照咸阳的宫城在城西边布局的传统，双重围墙的陵寝建在陵园西部，陵墓建在陵园的西南角，挖掘鱼池取土的方法也效仿都城。

壮观的秦始皇陵

　　秦始皇陵内部的结构更加复杂华丽。秦始皇的尸体被置于陵墓地宫之中。据历史记载，当时修建地宫时，挖土已深到地下水的深度，在这样的深度建造地宫，相当于建在水中，于是所用石材加工非常精细，并且石块之间用铜、锡溶液灌注。地宫中的江河湖海是由水银做成的。另外，如果有人私闯墓穴，必将被安装在各个机关要道的带有开关的弩机射死。墓顶有夜明珠镶成的天文星象，用人鱼膏做成的长明灯，以表示秦始皇万寿无疆。此外，在墓中还藏有不计其数的奇珍异宝。总之，秦始皇陵就是一座地下的宫殿。

　　在秦始皇陵所有俑坑中最引人注目的要数兵马俑，这些兵马俑也是令秦始皇陵举世瞩目的重要原因。兵马俑形象逼真，造型奇特，让人不禁惊叹建造者精湛的技艺。每个士兵都能看出其年龄、身份，有的眉目清秀，嘴唇紧闭，像是刚入伍的新兵；有的粗眉大眼，胡须微张，像是已出生入死多次的老兵；还有头戴方巾，按剑挺立，像是沉着冷静的指挥官。所有的陶马都张口衔镳、剪鬃缚尾，分缕额前，马匹的嘴角、鼻翼、眼皮上的皱纹都用阴线精雕细刻，展示出战马的神韵。

　　堪称"世界第八大奇迹"的秦始皇兵马俑可以同埃及金字塔和古希腊雕塑媲美。它为进一步研究我国秦朝时期的政治、社会、经济、文化、科学等提供了宝贵的资料。

 小百科

　　秦始皇（公元前259年—前210年）是中国统一的秦王朝的开国皇帝。他13岁即位，39岁称帝。公元前230年—前221年，先后灭六国，建立了中国历史上第一个统一的、多民族专制主义中央集权制国家——秦。

文明壮观

布达拉宫

布达拉宫
所属大洲：**亚洲**
所属国家：**中国**
始建时间：**公元 7 世纪**

地球上海拔最高的大型古代宫殿是位于雪域高原上的圣殿布达拉宫，它位于拉萨边缘玛布日山的"不朽城堡"遗址之上。这座"神的府邸"以恢宏雄伟之势、美丽壮阔之景吸引了世界各国游人的目光。

西藏的首府拉萨曾经是西藏神学的圣地。处于"雪屋"喜马拉雅山脉深谷之中，有着"快乐之河"美称的奇楚河倒映着"光明的宫殿"——布达拉宫，而"神的府邸"就位于拉萨。

城堡一样的布达拉宫位于拉萨边缘玛布日山的"不朽城堡"遗址之上，相传公元 7 世纪时由吐蕃赞普松赞干布始建。布达拉宫经由其后继者多次扩建，最后形成了今日的规模。

布达拉宫作为地球上海拔最高的大型古代宫殿，是历代达赖喇嘛的"冬宫"和西藏地方政权的中心，同时，它也是西藏地区现有最大、最完整的宫堡式建筑群。这座无与伦比的神宇宫阙，被誉为"世界十大土木石杰出建筑"之一，集中体现了西藏建筑、绘画、宗教艺术的精华。

整个宫殿建筑的材料是土石木。从结构上看，它由很多层次的矩形平面毗连而成，层次错综复杂，弯弯曲曲。这是邸宅与碉堡结合而生的藏族建筑传统风格的充分体现。白、黄、红是宫殿外部的主要颜色，这与佛教传统有着深厚的渊源。白色是恬静、和平的象征；黄色是圆满、齐备的象征；红色则是威严与力量的象征。

布达拉宫的建筑格局主次分明、对比鲜明，具有深刻的象征意义。达赖喇嘛的白色寝宫傲然耸立，红宫则后来居上，其他各类建筑

仿佛众星捧月，簇拥左右，这样的排列象征着至高无上的达赖喇嘛站立在金碧辉煌的屋顶之上。抬头仰望天空，苍茫辽阔；俯视四周，映入眼帘的则是低矮、拥挤的僧房、民居等，从而形成了强烈的反差。再看看开阔的殿堂与窄小的窗户，厚重的墙壁与狭窄的过廊，到处都渲染着佛法的神威和佛界的威严，这就是藏传佛教建筑不断追求的意境。

红宫和白宫是布达拉宫的主体部分。红宫居中，白宫从东南西三面环绕红宫，成"凹"字形。另外，布达拉宫还有三座黄色殿堂。白宫东西两边各一间，前方半山腰一间，是分别用来为达赖喇嘛修习密宗以及放置佛塔、佛像的地方。不同时代的达赖喇嘛的灵塔殿和各类佛堂构成了红宫的主体建筑。这里共有8座灵塔，其中最为豪华的是五世达赖和十三世达赖的灵塔。

各类佛堂分别为药王殿、上师殿、世袭殿、持明殿、响铜殿、菩提道次第殿，以及司西平措大殿等。

十三世达赖喇嘛灵塔动工于1934年，三年后完工。据史册记载，塔身金皮耗费黄金589.69千克，宝石四万多颗，以金线串缀而成，塔高14米，珠玉宝石遍缀塔身，金光璀璨，珠宝生辉，夺人眼目，异常华美。

白宫是达赖喇嘛举行重大活动和生活起居的地方。白宫最上层为森琼尼威宫（东西日光殿），是历代达赖喇嘛的起居宫室。白宫内最大的殿堂措钦厦（东大殿），是达赖喇嘛举行坐床、亲政等重大仪式的地方。

美丽的龙王潭公园坐落在白宫宫殿后面。公园里的草坪犹如绿色的地毯，鲜花点缀其间。园内绿树成荫，古木参天。林间一池湖水，碧波荡漾，倒映着布达拉宫的倩影。每到冬季，成群的红嘴鸥回归潭中，自成一景。潭中有一座小岛，岛上建有龙王宫，所以取名为"龙王潭"。过去，这里是布达拉宫的后山花园，每年的藏历4月15日为佛祖释迦牟尼诞生、成道、圆寂的纪念日，西藏地方政府的全体僧俗官员及贵族男女老幼都要来此划船戏水，举行旱季祈雨仪式。

布达拉宫是藏式建筑工艺的集大成之作，同时它还是藏族艺术精品和珍贵文物的宝库。走进布达拉宫，仿佛迈进了西藏的千年历史长河之中，体验藏族建筑的独特风格，欣赏华美绚丽的艺术珍品，回望幽深的廊道、流光溢彩的灵塔，以及神圣的殿堂……此时此刻，西藏的历史精华，仿佛凝聚于其中。

 小百科

佛教典故认为，雪域西藏的布达拉宫是观音化现之处。藏传佛教信徒曾把松赞干布当作观音菩萨的化身。因此，他的王宫被命名为观音菩萨的第三个刹土布达拉，布达拉宫因此而得名。

文明壮观

莫高窟

莫高窟

所属大洲：亚洲

所属国家：中国

始建时间：公元366年

它是中国四大石窟之一；它是世界上现存规模最大、保存最完好的佛教艺术宝库；它的壁画和雕塑栩栩如生，令人惊奇；它被列为世界文化遗产。它就是位于甘肃省敦煌的莫高窟。

公元220年，曾经雄视四方的汉朝倾颓崩塌，中国历史进入连年争战的时期，百姓命如蝼蚁，帝王沦为囚徒。此时，被人们尊称为"佛陀"的慈祥长者，从南亚次大陆的热带跋山涉水来到中国。从此以后，佛教开始传入中国。

东汉时期传入中国的佛教，在被人们世俗化后，无论是帝王还是普通百姓，都将其视为重要的精神支柱之一。敦煌莫高窟就是由此而产生的奇迹。公元366年，一僧人云游到鸣沙山、三危山一带，突见三危山上金光闪烁，中有千佛形象可辨，觉得这是佛家宝地，于是在鸣沙山东麓断崖上凿窟一龛。此后，法良禅师继续建造，又经过北魏、西魏、北周、隋、唐、五代、宋、西夏、元诸代不断凿建。在莫高窟洞窟群已编号的492个洞窟中，存有壁画4.5万平方米，彩塑两千四百余尊。莫高窟位于丝绸之路河西走廊西端，是世界著名的中国石窟之冠。一千多年过去了，昔日繁华的丝绸之路已经沉寂，但莫高窟却依旧向世人展示着令人目不暇接的绚烂和神奇的佛境奇观。

由莫高窟（别名千佛洞）、西千佛洞、榆林窟、小千佛洞组成的敦煌石窟是举世闻名的中国古代艺术宝库。其中，被联合国教科文组

织作为人类文化遗产，于 1987 年列入《世界遗产名录》的莫高窟是其中最大的、历史最悠久的石窟。

莫高窟是现存 492 个洞窟的总称。这些洞窟分上下五层，高低错落，鳞次栉比，分布于鸣沙山东麓南北长 1 600 米的断崖上。这些大小不均的洞窟中最大的 16 窟，面积为 268 平方米；最小的 37 窟，刚能把头伸进去；最高的 96 窟从山脚开凿到山顶，高 40 米，相当于 9 层楼那么高。这些洞窟中共有塑像 2 450 尊，壁画四万五千多平方米，唐、宋木结构建筑 5 座，莲花柱石和铺地花砖数千块，还有绢画、纸画、麻布画和刺绣等文物。如果将窟内所有壁画连在一起，将会组成一幅名列世界之最的长达 2.5 万米的巨型画廊。

这些石佛像是中国佛教艺术的开山之作。石窟中会聚了无数古代艺术大师们的传世杰作。为了在粗糙的岩壁上作画，古代艺术大师们先在洞壁四周和顶部抹上草泥，以白垩打底，再绘制壁画，并配以彩塑。壁画主要以佛教故事为题材。彩塑均为泥质造像，有单身像和群像。居中心的是佛像，弟子、菩萨、天王、力士侍立两侧，少则 3 尊，多则 11 尊。最高的大佛达 33 米，最小的菩萨仅高 10 厘米。彩塑神态各异，多以夸张的手法表现人物性格。另外，窟内还有很多有价值的文物，例如被考古学家认证为我国最古老的地图——四十多平方米的《五台山图》。

对于佛教来说，宗教境界超越了时间和历史。佛家眼中是充满虚幻的欲望和不现实的快乐世界，然而对现实世界的摒弃，与中国人一

鸣沙山上的驼队

贯秉承的伦理纲常是悖谬的。因此，佛教就以另一种易被人们接受的形态出现，莫高窟壁画和塑像中明显地体现了这一点。

敦煌莫高窟

"瘦骨清相"风格的出现，标志着佛像艺术被世俗精致的审美趣味所渗透，在佛像造型上也有体现。这是当时的人们所赞誉和推崇的。后来的唐塑则以浓重繁复的彩绘，渲染出"丰肌肥体"的富贵之态，从艺术的角度来说，这种衍化是造型的退化。从宗教精神的角度来说，它显示了信仰的某种涣散。

至少两种中原画风影响了莫高窟壁画的艺术风格。曹弗兴的"曹衣出水"是北朝时期壁画特点。曹弗兴虽然居住在远离中原的龟兹，但这种被尊称为"曹家样"的艺术风格所表现出的对于"线"的依赖和钟情，正好表明了它是对中原传统的秉承。采用"曹家样"画法的佛画，袈裟紧贴在富于弹性的肌肤上，衣纹密叠，仿佛被水浸润过一样。而吴道子的"吴带当风"则留在了唐代壁画之中。这种被称为"吴家样"的画法十分重视人物衣袂冠带的描画，形成莫高窟唐代佛画艺术"天衣飞扬，满壁飞动"的奔放、潇洒格调。

在漫漫黄沙的包围中，莫高窟的佛境盛景曾是古代商旅们的心灵安慰和视觉欢愉；在现代则成为世界上许多人渴望一睹的艺术奇迹。同时，世界性专门学科——敦煌学也因莫高窟所珍藏的文物和历史文献而产生发展起来。

小百科

佛教与基督教、伊斯兰教并列为世界三大宗教。公元前 6 世纪，释迦牟尼在印度创建佛教。佛教传至各地后，很快与各民族文化融合，形成既有世界性大宗教的同一性，又不失各民族自身差异性的宗教文化体系。

文明壮观

古京都遗址

古京都遗址
所属大洲：亚洲
所属国家：日本
始建时间：公元 794 年

古京都遗址建造于公元 794 年
（平安时代开始），位于前首都平安京
区域，从那时起到江户时代，它就一直
作为首都，同时它也孕育、造就和保存
了日本许多优秀灿烂的文化。

古京都遗址与古京都这一地区的其他历史建筑一起被划归到世界
遗产范围，并被确认为重要的历史和文化宝库；同时它还被作为日本
典型的文化遗产得到重点保护。有许多已经被确认为国家历史建筑和
特别保护的花园，同时被列入了文化保护的范畴。

古京都的最初设计是仿效中国隋唐时期的都城长安和洛阳，整个建
筑群呈矩形排列，以贯通南北的朱雀路为中心线，将整个城市分为东西
二京，东京仿洛阳而建，西京则仿长安而建，中间为皇宫。宫城之外
是皇城，皇城之外是都城。城内街道呈棋盘形分布，东西、南北排列
规整，布局整齐，城市明确地划分了皇宫、官府、居民区和商业区。

京都是世界闻名的文化古都，市内历史古迹众多，建筑古典精
致，庭园清新俊秀。近年来由于火灾不断，众多的历史遗产中有许多
遗迹已经被烧毁了。今日依稀可见的京都地区的一些残垣可以追溯到
较远的 17 世纪。放眼郊外的山麓小丘和周围的小山就会看到代表各
个时代的建筑和花园。京都皇宫位于京都上京区。前后被焚 7 次，现
在的皇宫为孝明天皇重建，面积为 11 万平方米，四周是围墙，内有
大殿 10 处、堂所 19 处，宫院内松柏名门 9 个，梅樱互映相间，静穆

中不失活泼。

平安神宫的殿堂仿照平安朝皇宫正厅的朝堂院修建，为明治时代庭园建筑的代表作。其大殿为琉璃瓦建筑，远眺屋宇，金碧辉煌。神宫由东南西北四苑组成，其间建有白虎池、栖凤池、苍龙池。湖上的亭阁，大都仿照中国西安寺庙的结构修建，极具中国建筑风格。

二条城的富丽堂皇与皇宫的朴素恰成鲜明对比。用巨石修建的城垣，周围有护城河，河上有仿唐建筑。这里最初是德川家康到京都的下榻之地，后因德川庆喜在此处决议奉还大政而为世人所知。1 886年这里成为天皇的行宫，1939年归属京都府。其主要建筑有本丸御殿、二之丸御殿等。

京都有佛寺一千五百多座，神社两千多座，这里是日本文化艺术的摇篮、佛教的中心。

金阁寺原为西园寺恭经的别墅，后给了足利义满。金阁寺建筑结构为三层，第二层和第三层的外墙用金箔贴成，远远望去，一片金碧辉煌。三层高的金阁寺，每层都代表着不同时代的风格：第一层是平安时代，第二层是镰仓时代，第三层是禅宗佛殿的风格。塔顶尾部装饰着一只金铜合铸的凤凰，堪称一绝。

银阁寺位于京都东山麓，与金阁寺齐名。银阁寺原来也是别墅，兴建时曾计划其表面以银箔为壁饰，但建造完成时并未付诸实施，所以改名慈照寺，但还是俗称银阁寺。

大德寺建于1319年。著名的一休大师（即"聪明的一休"）经过几十年的辛苦布教后，以80岁的高龄任大德寺的住持，重建了大德寺。

清水寺创建于公元798年，后由德川家康将军于1633年重建。它坐落在东山山麓的音羽山半山腰，依山而建，正殿（本堂）建在悬崖边。殿前是悬空的"舞台"，下面由139根高大圆木支撑，高15米。

🔍 小百科

拥有古京都金阁寺的足利义满（1358年—1408年）是日本室町幕府第三代将军，于1368年继位。他对内镇压反对派，改革政制，对外鼓励与中国开展贸易。1392年他结束日本南北朝对峙局面，后出家为僧，但仍掌握实权。

文明壮观

桑奇大塔

桑奇大塔
所属大洲：亚洲
所属国家：印度
始建时间：公元前 3 世纪

桑奇大塔是印度著名的古迹，它是印度早期王朝时代的佛塔，位于中央邦首府博帕尔附近的桑奇村。该塔始建于公元前 3 世纪孔雀王朝阿育王时期。19 世纪被发现，20 世纪被修复。

桑奇大塔约建于公元前 3 世纪，塔直径约 36.6 米，高 16.5 米，是印度早期佛教窣堵波的典型，特别是北印度窣堵波形制的典范。大塔中心的覆钵呈半球形，始建于孔雀王朝阿育王时代，体积只有现有大小的一半，相传这里埋藏着佛陀的舍利，但至今也未发现过舍利容器。公元前 2 世纪中叶的巽伽王朝时代，由当地富商资助的一个僧团继续扩建，在大塔覆钵的土墩外面垒砌砖石，在上面涂饰银白色与金黄色的灰泥，顶上增建了一方平台和三层伞盖，底部构筑了沙石的台基、双重扶梯、右绕甬道和围栏等，使其规模不断扩大。后来，大塔围栏四方陆续建造了南、北、东、西四座沙石的塔门，从开始到完成经历了公元前 1 世纪晚期到公元 1 世纪初期，整座佛塔的造型构思较为原始，其半球体象征着宇宙，神秘而深邃。

桑奇大塔的塔门雕刻汇聚了印度早期雕刻艺术的精华。每座沙石塔门高约十米，由三道横梁和两根方柱以插标法构成，在横梁和方柱上布满了浮雕嵌板与半圆雕或圆雕构件。同窣堵波的围栏浮雕一样，桑奇大塔的塔门浮雕主要题材是佛教故事和《本生经》。本生故事浮雕的代表作有南门第二道横梁背面的《六牙象王本生》，北门第三道

桑奇大塔上的雕刻

横梁正背面连续的《须大拿太子本生》等，宣扬佛教悲天悯人的情怀、乐善好施的教义，画面上或野象成群，或花木葱茏，充满了印度亚热带丛林生活的奇情异彩。遵循印度早期佛教雕刻的惯例，在桑奇的佛陀故事浮雕中也禁忌出现佛陀本人的形象，而只用菩提树、法轮、台座、足迹等象征符号代表佛陀。例如在《逾城出家》中用上擎华盖、拂尘的空马隐喻无形的悉达多太子出城，用两个刻有法轮的足印暗示悉达多遁迹山林等等。佛陀一生的四件大事，即诞生、悟道、说法和涅槃，这些事主要描绘在由横梁与方柱间的浮雕嵌板中，分别以两只小象向坐在莲花处的女性身上喷水、菩提树、法轮和窣堵波作为象征。

这种表现人物而不刻画人物本身的象征手法，因为反复运用哑谜式的叙事技巧，使观众通过可视的片断形象领会不可视的完整形象，是印度早期佛教雕刻独特的造型语言。

可能是出于古代印度人畏惧空间的心理，同时又因为浮雕的作者多半是象牙雕刻匠师，习惯于充分利用有限的雕刻面的缘故，桑奇大塔的塔门浮雕上挤满了密集的人物、动物和建筑物，从视觉效果上看，仿佛整座塔门是放大的象牙雕刻。在同一幅画面中表现一系列连续性的故事情节，也体现了对空间的充分利用、自由支配和大胆超越。例如《须大拿太子本生》在同一幅浮雕中多次出现太子一家的形象，通过人物动作和背景的变化表现故事情节的发展；《逾城出家》则通过同一幅浮雕中反复出现5次的同一匹空马在不同背景衬托下位置的移动，在空间的运动中表现了时间的推移和情节的转换。

桑奇大塔门上的高浮雕或圆雕的主要题材包括三宝标、法轮等佛教象征符号，其上常见的动物有大象、狮子、公牛、骏马、狮身鹫头，以及有

独具特色的桑奇大塔

桑奇大塔塔门上的细部雕刻

翼的怪兽动物，同时印度民间信仰的精灵药叉和药叉女等形象也常出现于这些浮雕之中。

桑奇大塔上的人物雕像虽然大体属于古典风格，但不像巴尔胡特那样拘谨呆板，它更注重人体姿态自然灵活的表现。桑奇东门方柱与第三道横梁末端交角处的托架像《树神药叉女》约创作于公元1世纪初期，是桑奇最美的女性雕像。她双臂攀着芒果树枝，纵身向外倾斜，宛若悬挂在整个建筑结构之外凌空飘荡，显得婀娜多姿，活泼可爱。她头部右倾，胸部左转，臀部右耸，形成了富有节奏感、律动感的"S"形曲线。这种身体弯曲呈"S"形的三屈式，也是印度女性人体美的标准范本。

🔍 小百科

印度佛教是产生和流传于南亚次大陆的宗教。创始人是乔达摩·悉达多，佛教徒尊称他为释迦牟尼，简称佛陀。其发展过程大致可分为五个历史阶段，包括原始佛教、部派佛教、大乘佛教、密教和现代佛教。

文明壮观

泰姬陵

泰姬陵
所属大洲：亚洲
所属国家：印度
始建时间：1632 年

泰姬陵，全称"泰吉·玛哈尔陵"，是印度最美的建筑之一。它位于距新德里二百多千米处的阿格拉城内。它是莫卧儿王朝第五代皇帝沙贾汗为纪念他的已故爱妃蒙泰姬所建的陵墓，被誉为"完美建筑"。

泰姬陵以其独一无二的美闻名于世，它优雅地矗立在印度阿格拉的平原上，接待来自四面八方的游人。

泰姬陵是一座完全用白色大理石建成的巨大陵墓，是莫卧儿皇帝沙贾汗为纪念他心爱的妃子蒙泰姬于 1632 年—1654 年修建的。它由殿堂、钟楼、尖塔、水池等构成，全部用纯白色大理石建成，用玻璃、玛瑙镶嵌其中，璀璨夺目，具有相当高的艺术价值，是伊斯兰教建筑中的代表作。

建造泰姬陵的大理石是从 322 千米外的采石场运来的，陵墓上的文字是用黑色大理石制成的，并有许多宝石镶嵌在大理石的表面。阳光照射下，闪耀着璀璨的光芒。从前曾有银制的门，里面有金制栏杆和一大块用珍珠穿成的布盖在玛哈尔的衣冠冢上。这些珍贵的东西被窃贼们偷走了，还有很多人妄图挖走镶嵌在大理石上的宝石，但是不管这些人怎样破坏它，泰姬陵雄奇壮美的形象仍然风采依旧。

泰姬陵庄严雄伟的门道象征着天堂的入口，上方有拱形圆顶的亭阁。原先这里有一扇镶嵌着几百个银钉的门。但后来这些东西都被陆

续盗走，现在的门是铜制的。

泰姬陵作为印度人民的非凡建筑作品之一，被所有的游客称为"印度的珍奇"。它是一个完美无缺的艺术珍品，整个建筑极具哲理性，它的构思和布局充分体现了伊斯兰建筑艺术庄严肃穆、气势宏伟的特点。

建筑群总体布局优美是泰姬陵的第一个工艺成就。泰姬陵的布局精致，色彩沉静明丽，湛蓝的天空下，两侧朱红色的建筑物把晶莹洁白的陵墓和高塔映照得如冰如雪。泰姬陵的形、影荡漾在清澈的水池中，当喷泉飞溅，水雾迷漫时，它闪烁颤动，倏整倏散，飘忽变幻，景象尤其迷人。陵墓本身肃穆而又明朗的形象是泰姬陵的第二个成就。它的构图稳重而又舒展、线条洗练、主次分明。大小回廊造成的层次进退、光影变化、虚实对照，大小穹顶和高塔形成的活泼的天际轮廓，穹顶柔和的曲线等等，使陵墓除了具有肃穆的纪念性之外，还给人以开朗亲切之感。泰姬陵的第三个成就是运用了构图的对立统一规律，使这座很单纯的建筑物丰富多姿。陵墓方形的主体和浑圆的穹顶在形体上形成了鲜明的对比，同时它们又相互融合、统一，构成了完美的整体轮廓。

陵园分为两个庭院：前院虽小，但古树参天，奇花异草，芳香扑

泰姬陵内沙贾汗与蒙泰姬的石棺

鼻，开阔而幽雅；后面的庭院占地面积最大，有一个"十"字形的宽阔水道，交汇于方形的喷水池。喷水池中有一排排的喷嘴，喷出的水柱错落有致，犹如游龙戏水。后院的主体建筑，就是著名泰姬陵。用洁白的大理石筑成的陵墓基座高7米，长和宽各为5米，基座的顶端建有巨大的圆球，四角耸立着40米高的庄严肃穆的圆塔。在象征智慧之门的拱形大门上刻着《古兰经》。中央墓室放着蒙泰姬和沙贾汗的石棺，棺上宝石闪烁。棺椁上的茉莉花图案精致而色彩华丽，是由玛瑙、翡翠、水晶、珊瑚、孔雀石等二十多种价值连城的宝石镶嵌而成，工艺精细，巧夺天工，无与伦比。

从外表上看，由于整座陵墓均由纯白大理石砌成，因此，一日之中，随着早、午、晚三时阳光强弱的不同，照射在陵墓上的光线和色彩随之也变幻莫测，呈现出不同的奇景。早上是灿烂的金色，中午的阳光下是耀眼的白色，斜阳夕照下，白色的泰姬陵从灰黄、金黄，逐渐变成粉红、暗红、淡青色，而在月光下又成了银白色，白色大理石映着淡淡的蓝色荧光，更给人一种恍若仙境的感觉。有人说，不看泰姬陵，就不算到过印度；不在月光下来到泰姬陵，就不算到过泰姬陵。正如沙贾汗在陵墓建成之初所说："如果人世间有天堂与乐园，泰姬陵就是这个乐园。"

小百科

泰姬陵的爱情故事打动了无数人的心，因爱而生的泰姬又将这段生动的爱情故事延续下来。今天，在印度，无数不远千里的青年男女牵手来到这里，他们在泰姬陵前祈祷，盼望自己的爱情能够真挚而长久。

文明壮观
婆罗浮屠

婆罗浮屠
所属大洲：**亚洲**
所属国家：**印度尼西亚**
始建时间：**公元 8 世纪下半叶至公元 9 世纪初**

印度尼西亚的婆罗浮屠是佛教非常著名的建筑，它与中国的长城、印度的泰姬陵、柬埔寨的吴哥古迹以及埃及的金字塔齐名，一同被人们誉为古代东方的五大奇迹，是极其宏伟瑰丽的佛教建筑之一。

婆罗浮屠位于印度尼西亚爪哇岛中部的日惹市西北默拉皮火山附近的一个叫马吉冷婆罗浮屠的村子里，婆罗浮屠就兀立在村子附近的山丘上，是举世闻名的千年佛教古迹。

婆罗浮屠梵文意为"山丘上的佛塔"，也意译为"千佛塔"，大约修建于公元 8 世纪后期至公元 9 世纪初期，印尼夏连特拉国王为了收藏释迦牟尼的一小部分骨灰，动用了几十万劳工，用了十多年的时间建成。15 世纪伊斯兰教传入印尼以后，佛教衰微，婆罗浮屠被火山灰及丛莽湮没，直至 19 世纪初才被人们发掘出来。

婆罗浮屠是实心的佛塔，没有门窗，也没有梁柱，完全用附近河流中的安山岩和玄武岩砌成，约用了二百多万块石头，底层石头每块重约一吨。佛塔的基层呈四方形，按照佛教解释，塔的下部四方形平台表示"地界"，"地界"占地 1.23 万平方米。"地界"各层共建有石壁佛龛 432 座，每座佛龛内有一个莲座及盘足趺坐的佛像。从塔底到塔顶最尖端，原高 42 米。据传，塔顶钟形大佛龛的尖端因触雷而被毁掉，因而现在实际高度近三十五米。佛塔共有 10 层，四周的中

间各有一条笔直的石阶通道，由基角直达顶层。佛塔第一层至第六层是四方形，第七层至第九层是顶塔的座脚，呈圆形。第十层是钟形的大塔，直径是9.9米。上部的圆形平台在佛教中则表示"天界"。"天界"各层建有72个钟形小塔，每个小塔内供奉一尊成人大小的盘坐佛像，形状别致，设计巧妙。佛像按东、南、西、北、中五个方位，分别做出"指地""施与""禅定""无畏""转法轮"等各种手姿，而且佛像的面部神情以及手指、手掌、手臂等各部分也是千姿百态，迥然各异，工艺精巧，极为传神。整个建筑是世界上最大的佛教建筑之一，共有大小佛像505尊。塔内各层都有回廊，回廊两旁的石壁上刻有各式各样的浮雕，其中有很多是佛本生故事浮雕，也有当时人民生活习俗、人物、花草、鸟兽、热带果品等雕刻，所有浮雕玲珑剔透，栩栩如生，堪称艺术珍品，所以这里又有"石块上的史诗"的美誉。建在山丘上的婆罗浮屠因为基础不够牢固，又年代久远，所以整个建筑和浮雕都有不同程度的毁损，20世纪70年代开始对其进行全面修缮，历时7年才全部完工。现在这里山环水抱，林秀泉清，古木参天，已被政府辟为国家游览胜地，并增建了许多游览设施，每年都有很多国内外游人到此旅游观光。

据专家研究，婆罗浮屠佛塔是为供奉佛祖释迦牟尼的遗物而建的。佛祖圆寂后，遗体火化，骨灰分别安放在8座城市的墓地。阿育

王即位后，下诏命令挖掘佛祖的 7 座坟墓，将骨灰放在 8.4 万个瓶瓮中，然后分发给佛教徒，在所到之处就地安葬，婆罗浮屠佛塔即是为此而建造的，至于里面是否有佛祖骨灰则没有记载。

婆罗浮屠景观

自从伊斯兰教传入爪哇后，佛教国王被伊斯兰教国王所取代，政治文化中心从此转移到东爪哇，夏连特拉王国衰亡。从此，婆罗浮屠佛塔开始经历沧桑与劫难。首先佛塔处于无人问津状态，并逐渐衰落下去。其次是自然灾害的影响。附近的默拉皮火山几次爆发，将佛塔掩埋于火山灰、岩浆和野草莽林之中。藻类和菌类植物的迅速繁殖以及风雨侵蚀，严重损毁了佛塔。第三是人为的破坏。19 世纪末，一些艺术珍品由当地州长作为礼物赠送给来访的邻国国王，一批宝物也曾被荷兰殖民者盗走。直至 20 世纪初，经过多次修复和挖掘清理，才使沉睡了九百多年的艺术瑰宝重见天日。1975 年—1982 年，再次开展了一次大规模的修复工程。联合国教科文组织与印尼政府共同主持，花费巨资，将一百二十多万块石头一一剥下，剔除腐烂植物，再喷洒除草剂，然后再重新装上，其工程之浩大可想而知。经过此次修缮，婆罗浮屠佛塔终于重放异彩。此后，当地每年吸引五十多万游客前来参观。

关于佛塔有很多美丽的传说。一种是如果你能将手从孔洞中伸进去摸到佛像的手掌，那你将福星高照，隆运亨通；又有一种传说说那些石雕怪兽和佛像可以辟邪，于是引来不少游客顶礼膜拜，祈求平安和幸福。

 小百科

圆寂即"入灭""涅槃"。一般指通过修持断灭"生死"轮回而后达到的一种精神境界。佛教认为，信佛的人经过长期"修道"，即能"寂灭"一切烦恼和"圆满"一切"清静功德"。这种境界名为"圆寂"。

文明壮观

菲律宾巴洛克式教堂群

菲律宾巴洛克式教堂群
所属大洲：亚洲
所属国家：菲律宾
始建时间：16 世纪

巴洛克式是一种典型的意大利建筑风格，现在它已不再为西方所独有。在菲律宾这个多种语言和不同宗教传统并存的国度里，巴洛克式教堂群重新诠释了东西文明交汇所产生的独特韵味。

菲律宾共和国位于亚洲南部的菲律宾群岛上，北隔巴士海峡与我国台湾省遥对，南与马来西亚、印度尼西亚隔海相望。菲律宾最著名的巴洛克式教堂群主要集中在吕宋岛和班乃岛上。巴洛克式风格是反应信仰的建筑艺术，当你走进这些为信仰和胜利所建的建筑群时，那些丰富的、奇妙的视觉冲击会令你产生亦真亦幻的奇特感觉。

菲律宾的巴洛克式教堂群坐落在菲律宾吕宋岛的帕瓦伊、圣马利亚、马尼拉以及班乃岛的米亚高等地。其中以圣奥古斯丁教堂、阿斯姆史奥教堂、比略奴爱巴教堂最为著名。以上这些教堂开始修建于 16 世纪，为西班牙和墨西哥殖民者所修建，风格大体继承了巴洛克式建筑风格。教堂集中表现了活力、艳丽、夸张、豪华的特点。教堂结构以西班牙教堂为参照，同时也依据当地气候条件对其结构作了改动。建筑采用矩形平面，既无侧廊又无交叉廊的结构。这种设计再配以坚固的备用墙壁、天棚低矮的回廊，就成为菲律宾基督教堂最大的特色。

菲律宾最古老的石造建筑之一是圣奥古斯丁天主教堂，建于 1571 年。其建立之初使用的是易燃的竹子和椰树叶子等材料，所以才会发

生 1574 年和 1583 年的两次火灾。教堂在 1599 年开始重建，1661 年竣工，整座大殿长 60 米、宽 15 米，用珊瑚和砖修成的墙壁厚 1.7 米，墙垣、天花板和地面所用的都是大理石材料，天花板的石块上雕刻有样式各异的花草，其雕刻手法高超，形态逼真。作为备用的墙壁高出外壁 5 米，它的顶部筑有小塔。教

教堂墙壁上的雕刻装饰

堂内装饰有数量繁多的雕刻和绘画作品以及一些制作精细的木雕饰物。后来，人们在这里还修筑了以珊瑚为主要建筑材料的钟塔。

著名的阿斯姆史奥教堂位于吕宋岛南伊罗戈省，始建于 1810 年。传说，此地曾发现圣母玛丽亚雕像，人们认为圣母希望在这座山丘上建一座天主教堂，所以才显示出这些征兆，于是建成这座教堂。教堂的正面两侧有圆塔，墙壁上砌有花和叶的优美图案。教堂的钟塔是八角形平面的四层建筑，形状很像中国的佛塔。

菲律宾的巴洛克式教堂群可以说是西方基督教文化与东方建筑艺术相结合的杰出建筑。

西班牙殖民者在 1571 年占领了马尼拉，不久以后他们就在吕宋岛建起了圣奥古斯丁教堂，它成为吕宋岛上历史最悠久的教堂。这座教堂最初是木质结构，到 1599 年才改建成现在所看到的石制教堂，1606 年正式竣工。后来菲律宾的大部分教堂都被战火毁坏，唯独这座教堂虽然历经多次大地震和第二次世界大战，依然完好无损。古老的教堂穿越三个多世纪的时光，直到现在仍然岿然屹立，成为世界上早期防震建筑的典范之作。教堂四周是整齐的盒状围墙，在墙的内侧绘满了 19 世纪的壁画。教堂两侧中部建有一些小礼拜堂，在教堂里还能够看到教堂的圆顶、有石盖的地下墓穴、弧形的走廊等。

 小百科

每年 3 月 15 日后的第一个星期日是菲律宾天主教徒最重要的节日——圣周节，它是纪念耶稣在十字架上受难的节日，圣周节期间菲律宾各地举行隆重的庆祝活动，其中菲律宾的巴洛克式教堂就是主要的活动场所。

文明壮观

仰光大金塔

仰光大金塔
所属大洲：亚洲
所属国家：缅甸
始建时间：公元前 6 世纪

富丽堂皇、璀璨华贵的仰光大金塔，因为佛舍利与佛祖头发同葬一处的传说而成为佛教徒的一个圣地。缅甸人以其特有的智慧和虔诚，使大金塔永远屹立在世界艺术之林。

缅甸的首都仰光是缅甸全国的政治、经济、文化中心和交通枢纽。仰光风光秀丽，景色怡人，属热带雨林气候，长年花红柳绿。还有皇家湖和茵雅湖这两个清澈如镜的大湖位于一片绿树丛中。举世闻名的仰光大金塔，便耸立在茵雅湖畔丁固达拉岗上。

建于公元前 6 世纪的仰光大金塔又叫瑞光大金塔，它是一座佛教塔。大金塔从修建到现在，一直处于不断修缮之中。初建的仰光大金塔只有 19 米高，方圆十六平方米左右。缅甸人民的智慧和向佛的热情让这座佛塔逐步宏伟壮丽、璀璨华贵起来，并使其成为世界奇迹之一。

15 世纪中期，勃固王勃尼亚扬重修金塔，将它增高至 92 米。1453 年登基的缅甸历史上唯一一位女王信修浮和达摩悉提王对大金塔进行了一次大规模的修葺，还用石块修砌了塔基，在塔四周修建佛亭，并且铸造了一口重二百多吨的铜钟。15 世纪末期，信修浮女王的孙子勃尼亚金道在大金塔四周修筑了 48 座小塔。16 世纪，东吁王朝国王曾给大金塔贴金。1581 年，阿瓦王朝的南达勃冈王在佛塔基部建了金银伞形花塔，并献上嵌有 2 000 颗红宝石的顶伞。18 世纪 70 年

代后期，信古王在塔基、塔坛四周又修建佛殿，并铸造了 4 尊五合金佛像，后来他还在金塔西北面铸造了一口重 25.6 吨的铜钟。1871 年，敏东王又为大金塔重修，并且重修了今天仍能看到的大金塔上的宝伞。

如今，缅甸还设立了一个专门管理大金塔的委员会负责募捐修缮金塔，每隔 35 年便会为金塔贴金整修一次。

大金塔如同一座不断发展的露天博物馆，不仅记载了缅甸人的历史，还包含着缅甸人对自身信仰的热情和执着。如今，耸立在茵雅湖畔散发着耀眼光芒的大金塔已成为缅甸的民族象征。

现在的大金塔高 99 米，加上基座共 113 米。总周长达 435 米的塔基为十字折角形，并饰以无数水平线脚。金塔四周环墙，在东南西北四处各开一个入口，并在每座入口前放有一对石狮子。其中南门为主入口，安装了供人使用的电梯。登上七十余级大理石阶梯，就会抵达大金塔台基平面。在台基四角还各有一座小型石塔，中间为大塔本身。塔身由砖砌成，像一口扣在地面上的巨钟。用一千多张纯金箔贴面的主塔上端，所用黄金达七吨多重，这不能不说是一个奇迹。整个金塔在阳光照耀下，金碧辉煌，灿烂夺目。塔顶有一把金属宝伞，重 1 250 千克，宝伞下镶有 5 448 颗钻石和 2 000 颗宝石，顶端的大钻石

夜幕中的仰光大金塔别有一番辉煌的气势

重 76 克拉。在宝伞上还悬挂有 1 065 个金铃和 420 个银铃，微风过处，铃声悦耳。由缅甸不同地区和不同民族捐赠的这些风铃凝聚着缅甸人民的心血、系着缅甸人民的祝福。这些风铃在风雨中摇曳了几个世纪，演奏着缅甸人民的团结之歌，表达着千千万万善良百姓的美好心愿。

64 座姿态各异的小塔和 4 座中型佛塔环围在金塔四周，金塔的壁龛里供奉着大小不一的玉雕佛像。塔下四角均有缅甸式的狮身人面兽。金塔四周的铜钟数目众多，浑厚低沉的钟声传达着善男信女们的虔诚祝福和祈愿。

在大金塔东南角有一株菩提树，树影婆娑，透出一种神秘的色彩。据说，这株菩提树是从印度释迦牟尼金刚宝座的圣树苗移来的。塔基四周是 44 个伞形花塔，82 座穴亭和各种大小佛殿。这些建筑错落有致，与主塔巧妙搭配，使整个建筑群更为庄严祥和，气势宏伟。

在大金塔的佛廊、佛殿和佛亭上装饰着许多精美的浮雕和绘画，那些浮雕和画面上的佛像肃穆庄严，与形态各异、狰狞可怖的神怪异兽形成鲜明的对比，充分体现出缅甸人高超的技艺，也展示了其宗教艺术的独特魅力。

 小百科

缅甸与中国为邻，是一个多信仰的国家，居民有信仰佛教的，也有信奉基督教的。其中信仰佛教的人数最多，大约占国民的 89%。因此缅甸多佛教建筑，仰光大金塔是其中最著名的一座。

文明壮观

加德满都

加德满都
所属大洲：亚洲
所属国家：尼泊尔
始建时间：公元 8 世纪

加德满都是尼泊尔的首都，城市分为新旧两部分。旧城既有昔日的原始建筑风貌，又有新建的主要商业干道；新城的建筑群则集传统尼泊尔式和西方格调两种风格于一身。

加德满都是尼泊尔的首都，建立于公元 8 世纪，历史上曾经是皇家的首都和宗教的中心。

加德满都谷地位于喜马拉雅山南坡，海拔 1 500 米，坐落在西藏与印度之间，谷地中有巴格马蒂河及其支流，周围有帕德冈、帕坦和加德满都，斯瓦亚姆布与博和伯舒伯莠·纳拉扬印度神庙。在马拉王朝统治下，尼泊尔的建筑早在 11 世纪就非常杰出。

有人恰当地将尼泊尔比作亚洲的瑞士。连绵起伏的高山造就了安静祥和的人间净土，阻隔了世间的纷扰。这里肤色不同的人们虔诚地信仰着自己的宗教，他们在享受快乐之余，追求着生命的圆满。

加德满都古老而辉煌，到处都耸立着让人惊叹不已的精美建筑。

加德满都狭窄的街道两旁有很多相互独立的小店，街道上是昏暗的路灯，人们在酒足饭饱之后漫步于其中，别有一番风味。街上出售最多的是鲜艳的手工编织的大毛衣、成打的廓尔克弯刀、光芒闪烁的红宝石、制作精美的铜像等等稀奇的商品。即便只是驻足观看，也是莫大的收获。

在伟大的亚洲文化的交汇点，在加德满都、帕坦和巴德冈共建有

7座印度教和佛教的纪念馆，还有三处王室的宫殿和住宅区，这些建筑足以证明尼泊尔人的艺术水平很高。在130座纪念馆中包括朝圣中心、寺庙、圣祠、洗浴场所和公园，所有这些朝圣之地均由宗教团体建成。

加德满都的中心是杜儿巴广场，而市北的泰来区则是自助旅行者的大本营。多数的经济旅馆都坐落在泰来区中心地带，古老、幽深且毫无规律的小巷，给人以怀旧的感觉。杜儿巴广场囊括了16世纪—19世纪尼泊尔的古迹建筑，广场上总共林立着五十多座寺庙和宫殿，从中古世纪以来就维持原有的建筑形式与风格。为了便于分辨外观类似的寺庙古迹，可以把杜儿巴广场分成两个部分。第一部分有：纳拉扬神庙、湿婆神庙、库玛莉寺和湿婆—巴瓦娣庙屋等。第二部分有：哥比拿寺、嘉轧拿庙、库里须那寺、哈努曼猴神宫、普拉塔布马拉国王雕像等。位于杜儿巴广场入口左侧的是女活佛库玛莉寺，这栋建筑物外观为白墙木窗，大门台阶上护卫处有两只彩色石狮，窗户则雕刻着许多神像和孔雀图案。此寺庙最有名的是其中建于18世纪中叶的建筑，以及里面的女活佛库玛莉。

杜儿巴广场第一部分的尽头，是坐落在转角处的湿婆—巴瓦娣庙屋，这座用红砖砌造而成的庙宇，正好隔着广场，与库玛莉寺遥遥相对。这座寺庙里面供奉有湿婆神和其妻子巴瓦娣，神像都是简朴的木雕。

普拉塔布马拉国王的雕像高高地坐落在一根柱子上，这是广场第二部分的开始。因为马拉国王发动兴建的古迹占本区建筑的大部分，所以为了纪念他，竖立了这座雕像。进入中庭之前的道路左侧，有一座八角形的库里须那寺，库里须那是湿婆神的第八个化身，他在世上

的功绩甚受尼泊尔人崇拜，加德满都各处都有供奉此神祇的寺庙。

加德满都的斯瓦扬布拉特佛教圣迹如今已成为尼泊尔的象征之一

坐落在马拉国王雕像左边的是德古塔蕾珠庙，现在这座寺庙楼上，还有昔日国王的私人祈祷室。正对着国王雕像柱的是嘉轧拿庙，这栋建筑物建于17世纪，拥有双层斜柱支撑的屋顶。在每根斜撑庙宇的支柱上面，都雕刻有十分精细的欢喜佛图案，这是本寺庙最特殊的地方。

就在德古塔蕾珠庙侧方墙垣背面，有一座黑拜拉弗大型浮雕镶嵌在建筑物的角落。这座表情狰狞的神像，造型为头戴宝石和头骨制成的头冠，白色眼珠及犬齿暴突，几只手分别持有宝剑、斧头、盾牌和头骨，脚底还踩着一具尸体。这座神像是湿婆神最恐怖的化身，大多数的尼泊尔人都相信，如果在黑拜拉弗雕像前撒谎，将来一定会受到天谴。

穿过马拉国王雕像所在的古迹群，前面还有一系列建筑物。其中哈努曼猴神宫门侧竖立着一尊神像，这尊猴神身披红色披风，立于小伞之下。深受尼泊尔人信仰的猴神哈努曼是史诗《罗摩衍那》中，罗摩王子的坐骑——保护神毗湿奴的化身。

🔍 小百科

尼泊尔是位于喜马拉雅山脉南坡的内陆国家。全称尼泊尔王国。尼泊尔北靠我国西藏自治区，东、东南、西、南和印度接壤。其面积147 181平方千米，人口2 587万（2006年），生活着拉伊、林布等三十多个民族。

文明壮观

吴哥古城

吴哥古城
所属大洲：亚洲
所属国家：柬埔寨
始建时间：公元 9 世纪后期

吴哥古城是柬埔寨的代表景观，建于公元 9 世纪后期。古城早期建筑以吴哥寺最负盛名，而寺中的浮雕更是引人入胜，此外还有宫殿建筑群。晚期建筑主要是王城，以"吴哥微笑"闻名于世。

　　吴哥古城于公元 9 世纪后期初建，人们主要根据古印度宗教宇宙观的寓意所设计：古城为正方形，中心则是一座寺庙，代表宇宙的中心须弥神山，而周围的建筑群则代表着世界这一大实体。从寺庙出发共有四条道路，可以通向东西南北四方，代表宇宙的四个基本方向。13 世纪是吴哥古城的全盛时期，居民已有百万之多。吴哥寺不仅规模宏大，分布也十分均匀，巧妙地运用了透视与对称的表现手法，给人以巍峨高耸、稳定庄重的感觉。以国王苏耶跋摩七世（1181 年—1215 年）在 1200 年修建王城为界，在建筑形式和装饰风格的宗教倾向上，分为早晚两期，早期和晚期分别为印度教毗湿奴神和佛教观世音自在王。

　　吴哥古城早期建筑以吴哥寺最负盛名。高棉国王苏耶跋摩二世（1130 年—1150 年）所修建的吴哥寺又称"吴哥窟"，梵语意为"城市似的庙宇"，后来成为他的陵墓。吴哥寺于 15 世纪上半叶被人们废弃，到了 19 世纪中期才被重新整修。寺庙区呈长方形，周围有宽 190 米的壕沟，面积为 85 万平方米，壕沟内修筑内、外两道石砌围墙，

门内为一庭院，院东有一长 347 米的大道，可通向内围墙入口处。大道两侧有藏书室和池塘各一处。墙内的主殿建于三层台基之上。第一层和第二层台基均为长方形，第三层为正方形。台基顶部建有五座塔，中央一座塔最高，达 42 米。全部建筑用沙石砌成，艺术装饰主要集中在建筑外围。

吴哥寺的塔身、塔尖、门楼、回廊内壁、廊柱、石墙、基石、窗棂、栏杆之上，布满了浮雕，这些精致的浮雕的内容取材于印度史诗《摩诃婆罗多》和《罗摩衍那》，以及印度教神话《乳海》中有关印度大神毗湿奴的传说。吴哥寺中围绕主殿第一层台基的回廊被称为"浮雕回廊"，长达 800 米，墙高 2 米有余。其中有毗湿奴与天魔交战图、猴神助罗摩作战图及苏耶跋摩二世骑象出征图等。

栩栩如生的舞蹈雕塑也是吴哥浮雕的一大特色。在举国信奉佛教的吴哥王朝时期，舞蹈艺人是人们心目中的仙女。因此，多达一千七百多个造型优美的舞蹈雕像出现在吴哥浮雕中，如百花丛中的仙女舞雕像。传说，这是表现阿普萨拉率侍女们下凡，采摘鲜花并在百花园中起舞的情景。舞蹈雕像造型有棱有角，曲线富有柔韧感，在世界艺术中是不可多得的珍品。

吴哥古城早期建筑还有宫殿建筑群、寺庙等。其中最精美的一座寺庙是位于城东北 20 千米的班迭斯雷寺。寺中心为三座并列的塔形神祠。寺中主神湿婆神像用砂岩雕成，生动匀称，是整个高棉时代最杰出的圆雕。罗洛建筑群位于吴哥王城东南约十八千米远的地方，均以砖石结构为主，最早是供奉国王先祖的灵庙，现存两座。现在，柬埔寨平原农业灌溉系统的重要建筑遗迹，主要是吴哥城郊的 3 个长方形人工蓄水湖。

吴哥古城晚期建筑主要是王城，是苏耶跋摩七世于 1200 年修成

吴哥窟的仙女浮雕

的。王城范围较早期的吴哥城小，巴肯寺、吴哥寺等就都留在王城之外。王城呈正方形，有石墙环绕。城门两侧有 3 尊巨像，门外壕沟大桥两侧各有跪坐状石神像 27 尊。石神像之间以蛇身相连，构成栏杆。神像为大乘佛教的观世音自在王。

由国王苏耶跋摩一世始建，苏耶跋摩七世晚年重建的吴哥王城的中央神庙巴阳庙，现高 45 米，从上到下共有 52 个塔顶，台基顶部中央有一主塔。据说，当初塔顶可能是镀过金的。金塔周围排列石塔 16 座，整个台基上共建塔 49 座，塔四面刻有巨大的四面佛头像，高达 30 米，佛教徒称为"阿瓦罗迎提瓦拉"。同时带有男性力量和女性外貌的佛像头部呈沉思状，头戴王冠，面容端庄俊美，有力的眼神，高挺的鼻梁，宽厚的嘴唇带着安详含蓄的微笑，这就是举世闻名的"吴哥微笑"。神像虽经千年的风雨侵蚀但仍然很完整。有人认为这是苏耶跋摩二世的人头像，但一般都认为是观世音自在王头像。至于四面像，有人解释为佛教中的慈、悲、惜、舍四无量，也有人认为这只不过是当时高棉人的喜、怒、哀、乐四种表情而已。

高棉的一个民间传说认为，吴哥古城的寺庙和金字塔都是由天神的建筑师"维斯瓦卡玛"亲手建成的，传说是他教会了人类建筑的技巧。吴哥建筑真可称得上是巧夺天工。

小百科

柬埔寨王国位于中南半岛的南部，同越南、老挝、泰国等国家相邻。面积 181 万平方千米。人口有 1 413 万（2007 年），高棉族约占总人口的 80%。居民主要信奉佛教。

文明壮观

麦加

麦加

所属大洲：亚洲

所属国家：沙特阿拉伯

始建时间：公元 5 世纪

信仰的力量是强大的，尤其是宗教的信仰。麦加是伊斯兰的圣地，是穆罕默德的诞生地，也是伊斯兰教的发源地，因此它成为全世界穆斯林所向往的地方。

在每年的伊斯兰斋月朝圣期间，成千上万的伊斯兰教信徒由世界各地汇聚到麦加大清真寺内院中，他们环绕着圣堂中的那块用布覆盖的圣石，走到圣堂东南角停下，在那里亲吻那块相传是加百列天使送给亚伯拉罕的圣石。

麦加大清真寺被人们称为圣寺，相传它是古代先知易卜拉欣及其子所建，圣堂是阿拉伯古代流传下来的重要历史圣地。伊斯兰教正式礼拜的朝向，是先知穆罕默德于公元 623 年在麦地那依照《古兰经》启示确定的。圣寺别称"禁寺"，原因是穆罕默德为保护圣堂将其四周划为禁地。

麦加圣寺是全世界穆斯林的膜拜圣地，它神秘的宗教气息使圣寺显得无比庄严。圣寺由一个上下两层长廊环绕的露天大院构成。经过几个世纪的扩建和修葺，其面积已从 3 万平方米扩建到 16 万平方米，同时可容纳 30 万穆斯林做礼拜。

公元 700 年，哈里发瓦利德一世绕圣堂建造了一座拱廊，用大理石柱撑高并镶上金叶，后来又不断延长成现在的两层步行廊。于是，拥有 7 座尖塔的大清真寺诞生了。此外，除了清真寺建筑群还有其他

的宗教珍宝，例如渗渗泉，传说是天使加百列同情妇女而让井涌出水来，形成了该泉。

现在的伊斯兰教教义规定，每个身体健康，有足够的经济条件的成年伊斯兰教徒一生至少要去圣城朝拜一次。朝觐者12月8日抵达麦加开始朝觐，脱去俗衣。男人将两块

大清真寺内院

无接缝的白布披在上身，围住下身，女人身穿素服，遮住手臂和全身，不准戴面纱和手套。朝觐者脚穿拖鞋，还应净身，抹香水，染指甲。朝圣的仪式有严格的规定：到达之时，朝圣者须从黑色角开始，按逆时针方向绕圣堂7圈并亲吻圣石。规定还包括：在圣山沙法丘和马尔瓦丘之间的遮顶走廊中来回走7次。然后，朝圣者都会到禁寺内的圣泉处饮水解渴。还要再走更远的路到阿尔法特山，无论白天黑夜，严寒酷暑，朝圣者都不会停下脚步，以此来表示他们对安拉的忠诚。朝圣者在一个叫穆兹塔里发的地方，收集四十多颗石头，并于次日将其带到米纳的三根"魔鬼柱"那里。在接下来的三天，朝圣者将向代表魔鬼的三个不同化身的三根柱子上投掷石块，并念着"奉万能的安拉之名，我憎恶魔鬼及其阴谋诡计"。最后，信徒们必须献祭羊等动物，并在回家之前再绕圣堂7圈。

每年的朝圣是主办国沙特阿拉伯的年度大事。今天，朝圣者可以通过步行或乘坐汽车、火车和飞机前来朝圣，军队在麦加附近搭建许多简易房，招待数百万前来麦加朝圣的伊斯兰教徒。

小百科

圣堂，也音译为克尔白，它是沙特阿拉伯禁寺内的一座方形石殿。中国穆斯林也称其为"天房"。圣堂曾是阿拉伯多神教徒敬神献祭的中心。穆罕默德迁往麦地那的第二年，将该殿所在的方位视为伊斯兰教徒礼拜的朝向。

文明壮观
伊斯法罕

伊斯法罕
所属大洲：亚洲
所属国家：伊朗
始建时间：公元前 4 世纪

"**伊**斯法罕，拥有世界的一半"。何等美丽的城市，让波斯诗人如此倾情地赞叹？怎样独具魅力的地方，让人们竞相来此？每个来到伊斯法罕的人都将其比为天堂。

　　伊斯法罕，正如它轻灵曼妙的名字一样，这座伊朗第三大城市承载了众多不一样的东西，透露出浓郁的艺术气息。伊斯法罕，这座历史古城，曾经是"丝绸之路"的南路要站，也是非常重要的历史文化名城。

　　伊斯法罕位于伊朗扎格罗斯山和库赫鲁山的谷地之中，从公元11世纪起，波斯塞尔柱王朝开始定都于伊斯法罕，直到 18 世纪的萨法维王朝，这里一直作为都城，尤其到萨法维王朝的阿拔斯大帝把伊斯法罕建设成了一座美丽而富足的城市。那里云集着东西方许多国家的商人和游客，学者荟萃，为什叶派的宗教文化中心，伊斯兰文化高度发达。辉煌的宫殿、雄伟的清真寺鳞次栉比，花圃似繁星点缀。

　　这里建有 162 座清真寺、48 所经学院和 1 800 家商客栈，还建有多座图书馆、天文台和医院。现在，有 10 座古老的清真寺坐落在城市内，其中体现波斯穹形建筑风格的有著名的伊斯法罕大清真寺和谢赫·鲁特福拉清真寺。还有宏伟精致的阿里·卡普宫、别具风格的阿拔斯大帝"四十柱宫"，名为四十柱宫，但实际上可以数出来的只有 20 根。这其中的秘密就在于殿前的大水池，宫殿的柱子倒映在清澈的

水中，仿佛又出现了 20 根柱子，故称"四十柱宫"。这样一座面积六万多平方米，建筑面积一千多平方米的宫殿就坐落在一个大花园中。它建于 15 世纪，可以说是典型的波斯式宫殿。大厅的墙上有一幅巨大的壁画，大致是叙述当年的文治武功和朝廷盛况。

著名的伊玛目广场体现了伊斯法罕的建筑之美，这里名副其实具有世界文化遗产的气势。伊玛目广场在革命前称国王广场，四平八稳的平衡设计让整个广场显得格外庄严与壮观。宫殿、清真寺、巴扎组成了周围的主体建筑，中间广场的部分过去曾是国王进行军事操练和马球比赛的地方。登上曾经象征着最高荣誉的阿里·高普宫，整个广场尽收眼底。从阿里·高普宫的观望台继续往上走，就到了曾属国王的私人领地，小穹顶的设计让面积不大的房间气势并不减弱。这里曾经是国王举行音乐宴会的地方，墙上各种形状的装饰造型都来自于酒器，可以想象那是一个繁盛的时代。

当时王国的兴盛体现在契黑尔·索通宫，这里是除了伊玛目广场最有看头的地方。殿里有数幅宏大的壁画和精致的雕刻艺术，描绘了当时人们的生活、劳动和征战场面。伊朗是一个从波斯时代就在征服与被征服中反复纠葛，传承文明的古老国度。当时定都伊斯法罕的萨法维王朝汇集了世界各地工匠，于是在宫殿中还能看到大批欧洲风格的画幅，甚至在宫殿的外檐上，还能惊奇地发现排列整齐的滑轮，那是夏天国王挂幔帐用来乘凉的，奇妙极了。

伊斯法罕王侯广场坐落在伊朗中部伊斯法罕省首府市中心。伊斯法罕古代为东西方贸易集散地。阿拔斯大帝亲自设计的建筑群以宽阔的广场为中心，即"美丹"王侯广场，又称"美丹·纳奇·贾汗"，意思是"世界的写照"。广场建于 1616 年，长 500 米、宽 160 米，是

当年阿拔斯大帝检阅军队、观看马球比赛、隆重演出和举行其他仪式的地方。巍峨宏伟的伊玛目霍梅尼清真寺雄踞广场一侧，它原名皇家清真寺，一般被称为蓝色清真寺。这座供皇室礼拜专用的清真寺由波斯萨法维王朝阿拔斯一世于 1612 年敕建，17 年后竣工。到了 20 世纪，又被修葺、扩建了多次。该寺造型保持了传统的波斯建筑风格。寺院的内外围墙和一些高大圆柱，都以蓝色的小块瓷砖拼嵌成一幅幅瑰丽动人的波斯传统图案，故又称东方的"蓝色清真寺"。

建于公元前四五世纪的伊斯法罕是最古老的城市之一，历史上它曾两次被定为伊朗首都。"伊斯法罕"一名源自波斯文"斯帕罕"，意思是"军队"——古时这里曾是军队的集结地。

伊斯法罕古城在岁月的沧桑巨变中渐渐沉淀，渐渐厚重，古城中那些蓝色的清真寺依旧还是老样子，是否只有它们还在重温着过去的辉煌？

 小百科

伊朗古都伊斯法罕，以风景优美、古迹众多而闻名于世。在古代，伊斯法罕就是古"丝绸之路"的南路，公元前 4 世纪时就成为一个聚落，经过几千年的发展，伊斯法罕成为当今世界最为著名的大都市之一。

文明壮观

特洛伊古城

特洛伊古城
所属大洲：亚洲
所属国家：土耳其
始建时间：公元前 16 世纪

看过《荷马史诗》的人一定都知道特洛伊这座城市，也一定知道"木马计"这个经典的战例。那么，特洛伊古城位于何方？那里真的有过传说中的战争和那些英勇顽强的士兵吗？

据史料记载，特洛伊古城大约在公元前 16 世纪时由古希腊人建造。该城的具体位置在小亚细亚半岛的东南方，紧靠着地中海，即今天的土耳其境内的希萨利克附近。特洛伊古城曾是古希腊的殖民城市，在公元前 13 世纪—前 12 世纪，达到了军事文化的鼎盛时期。公元前 12 世纪初，希腊城邦中的迈锡尼人想要对特洛伊发动战争，于是他们联合希腊其他城邦组成联军，渡海远征特洛伊古城。这场战争极为惨烈，前后延续了十年之久，交战双方全部筋疲力尽，西方史学界将这段典故称为"特洛伊战争"。根据传说，特洛伊城的勇士在坚守该城十年之后，最终被希腊人用"木马计"破城，城市遭到毁灭，成为废墟。

后代的史学家和考古学家为了找到特洛伊古城历尽艰辛，从 19 世纪中期开始，一直进行勘探、挖掘，直到 20 世纪 30 年代，特洛伊古城才最终重见天日。

在最终呈现在世人面前的深达 30 米的挖掘地层中，人们终于见到了这座传说中的古城。经过测定，考古学家把这个深达 30 米的挖掘地层划分为 9 个时期。最古老的要数修建于公元前 2 600 年—前 2

300 年的城堡。这些巨大的城堡直径一百二十多米，中心的建筑是一座王宫。在出土的王家宝库中，人们发现了众多的金银珠宝和青铜器，还出土了大量红色与棕色的陶器。另外，公元 400 年时修建的雅典娜神庙和议事厅、剧场的废墟等，也向世人证明了这座古城的存在与繁荣。

从城市遗址废墟中，人们不难看出特洛伊古城毁灭于一场大火与劫掠，这也从一个侧面有力地证明了《荷马史诗》中记载的准确性。

在《荷马史诗》中，特洛伊王子帕里斯到希腊城邦斯巴达做客，受到了斯巴达国王墨涅拉俄斯的盛情款待。在欢迎宴会上，英俊潇洒的帕里斯与美艳绝伦的斯巴达王后海伦一见钟情，两人发誓永不离弃。

几天后，墨涅拉俄斯有事离开王宫，帕里斯趁机与海伦私奔，逃回了特洛伊。墨涅拉俄斯在哥哥阿伽门农的支持下，组织希腊各城邦的联军，渡海远征特洛伊。特洛伊老王普里阿摩斯毫不屈服，带领大儿子赫克托耳英勇迎战。双方恶战十年，特洛伊城还是未被攻陷。最后，希腊英雄奥德修斯建议：全军造成撤退假象，留下一匹巨大的木马给特洛伊人。特洛伊人被假胜利冲昏头脑，不加查看就将木马拉回城内庆祝。深夜时分，希腊士兵从藏身的木马内溜出，打开城门，接应埋伏在城外的大军，一举攻下了特洛伊。

在今天的土耳其境内特洛伊遗址附近，土耳其政府建起了一座博物馆。馆中稀有的珍品，包括普里阿摩斯国王的宝库和海伦的项链，已被盗窃文物者盗走。尽管如此，特洛伊遗址仍吸引着大量游客前来游览。

 小百科

《荷马史诗》是古希腊史诗。相传是古希腊盲诗人荷马所作。它包括《伊利昂纪》和《奥德修纪》两部史诗。艺术上，荷马史诗内容丰富，风格古朴自然，节奏感很强。两千多年来，人们始终认为它是古代最伟大的史诗。

地球文明壮观

DIQIU WENMING ZHUANGGUAN

欧 洲

文明壮观

克里姆林宫

克里姆林宫

所属大洲：欧洲

所属国家：俄罗斯

始建时间：1156 年

克里姆林宫位于俄罗斯的莫斯科市中心，是俄罗斯的标志之一。克里姆林宫这一世界闻名的建筑群，享有"世界第八奇景"的美誉，是旅游者必到之地。

克里姆林宫是一组庞大建筑群的总称。在克里姆林宫周围是红场和教堂广场等一组规模宏大、设计精美的建筑群。此外，这里还有建于 18 世纪的枢密院大厦和建于 19 世纪的大克里姆林宫及兵器陈列馆等。每一座建筑都是世界建筑史上不可多得的杰作，是俄罗斯人民智慧的结晶。

大克里姆林宫是克里姆林宫中的主要建筑之一。它位于克里姆林宫宫墙内，朝向莫斯科河，宫殿仿照古典的俄罗斯式风格，厅室建筑样式繁多，配合协调，装潢华丽。宫殿的中央位置是装饰有各种花纹图案的阁楼。宫内部呈长方形，楼上共有露台环绕的厅室 700 个，总面积达 2 万平方米。宫殿的第一层除了有些厅室用于处理政务外，大部分都是沙皇的私人宫室；第二层有格奥尔基耶夫大厅、弗拉基米尔大厅和叶卡捷琳娜大厅等等，那里曾是沙皇接见使臣的地方。格奥尔基耶夫大厅是大克里姆林宫中最为著名的大厅。大厅呈椭圆形，圆顶和四周墙上绘有 15 世纪—19 世纪俄罗斯军队赢得胜利的各场战役的巨型壁画。大厅正面有 18 根圆柱，柱顶均塑有象征胜利的雕像。

红场位于克里姆林宫东墙的一侧，是莫斯科所有广场中最古老的

一座。它的样子还和当年建造时一样，石块铺成的路面青光发亮，经过多次改建，扩建之后，更显得整洁而古朴。公元15世纪90年代，莫斯科曾发生一场大火，人们把空旷的废墟作为广场，"火烧场"因此而得名，而"红场"这个名字则起源于17世纪中叶。俄语中"红色的"一词还有"美丽的"之意，由于翻译时都只取了其中的第一释义，即"红色的"，久而久之，"红场"的名称就这样沿用至今了。

克里姆林宫的教堂建筑也很有特色。十二使徒教堂、圣母升天教堂、天使报喜教堂及圣弥额尔教堂矗立在教堂广场四周。但最美的教堂当数位于红场上的有"用石头描绘的童话"之称的圣瓦西里大教堂。它建于伊凡四世时期，由9座参差不齐的高塔围绕而成，中间最高的方形塔高达17米。虽然这9座塔彼此的色彩和式样都独具特色，但却十分和谐。更值得一提的是，它与克里姆林宫的大小宫殿、教堂搭配出一种特别的情调，为整个克里姆林宫增色不少。据说此教堂完工时，伊凡四世惊讶不已，同时他竟下令让手下凶残地挖掉设计者的眼睛以防止他设计出更好、更完美的教堂。

号称世界第一大钟的钟王建于1735年，钟高5.87米，直径5.9米，重约二百吨。钟壁上铸有沙皇阿列克谢与皇后安娜的像，还有5幅神像等。它铸成后敲第一下时就出现了裂痕，因此《美国百科全书》称它为"世界上从未敲响的钟"。

号称"炮王"的大炮重40吨，有一个直径达0.92米，可容下三人同时爬进的炮口，于1586年造成。炮前陈列有堆在一起的炮弹，每枚炮弹都重两吨。炮架上也有精美的浮雕，其中有沙皇费多尔像。

克里姆林宫同时也是一座大型博物馆和艺术殿堂。宫内的珍宝馆

夜色下的克里姆林宫

收藏了许多价值连城的文物，有历代沙皇用过的物品、美术工艺品，以及掠夺而来的战利品等。步于宫中可以目睹沙皇奢侈的生活。另外，四座教堂中收藏的文物珍宝也非同一般。教堂用黄金做框架的圣画像来装饰墙壁，圣母大教堂内有希腊画家所作的圣画像，异常珍贵；内放历代沙皇棺材的圣弥额尔教堂装饰得富丽堂皇。

1960年—1961年建起的克里姆林宫大礼堂是莫斯科乃至俄罗斯最壮观的大礼堂，它位于呈现三角形的克里姆林宫建筑群的中心位置，总建筑面积达60万平方米。这座用白色乌拉尔大理石和玻璃建成的大礼堂，融入了现代建筑的特点和俄罗斯传统建筑风格，使其独具特色。

伊凡大帝钟楼高81米，它是克里姆林宫中最高的建筑物。它建于16世纪初期，原为三层，1600年增建至五层并冠以金顶。从第三层往上逐渐变小，外貌呈八面棱体层叠状。每一棱面的拱形窗口都安放着自鸣钟。1532年—1543年，在其北侧又建了四层立方体钟塔楼。1624年夏，由白石构成的菲拉特列特钟塔楼建成。现在，菲拉特列特钟楼的下层被用作克里姆林宫博物馆，里面展出金、银器和其他一些物品。沿伊凡大帝钟塔楼的台阶往上，到达塔楼顶，放眼望去，莫斯科的一切美景都尽收眼底。

小百科

俄罗斯人为了纪念第二次世界大战中牺牲的人们，于1967年胜利节前夕修建了无名烈士墓。墓碑上刻着："你的名字无人知晓，你的功绩永世长存。"外国领导人来访时，都要到这里来献花，并观看国家一号岗的换岗仪式。

文明壮观

雅典卫城

雅典卫城
所属大洲：欧洲
所属国家：希腊
始建时间：约公元前 15 世纪

美丽的古城雅典据说是受雅典娜女神佑护的城市，因此这座城中的人们就修建了一座神庙，来祭祀守护神雅典娜。从此以后，壮观雄伟的雅典卫城就建在了海拔 156 米的石灰岩上，俯视着整个雅典城……

提到古希腊文明，人们映入脑海的第一印象往往就是那些柱廊结构的古希腊神庙群——雅典卫城。雅典卫城位于雅典古城市中心海拔 152 米的阿克罗波利斯山顶上。其东西长 280 米，南北宽 130 米，外形十分宏伟壮观。雅典卫城的建立是为了纪念希腊赢得希波战争的胜利。据说，这一工程长达 40 年。

在希腊古代遗址中，建造于雅典黄金时期的雅典卫城是闻名世界的古建筑。作为古希腊建筑的代表作，雅典卫城是古希腊建筑群、庙宇、柱式和雕刻最高水平的完美体现，在建筑学史上具有重要地位。迄今保存下来的大量珍贵遗迹，集中展示了古希腊的文明。1987 年雅典卫城被列入《世界遗产名录》。

位于现在雅典古城西南的雅典卫城经历了几十个世纪的风风雨雨，到今天曾经辉煌雄伟的卫城已成为只剩廊柱的遗址。雅典卫城在古希腊时期是祭祀雅典守护神雅典娜的神圣地。据说雅典卫城建筑群的建造总负责人是雕刻家菲狄亚斯。如今，雅典卫城现存的主要建筑有卫城山门、雅典娜女神庙、帕提侬神庙也被称为雅典娜神庙，还有

伊瑞克提翁神庙（也译为伊瑞克先神庙），以及胜利神庙等，现在旁边又有了一座现代建筑卫城博物馆。

位于雅典卫城西端陡坡上的山门，也被称为普罗彼拉伊阿，建于公元前437年—前432年。卫城山门是卫城的入口，山门正面高18米，侧面高13米。山门的主体建筑为多利克柱式，大门非常突出。山门上还有两翼，北翼是展览室，南翼是敞廊。山门设置巧妙，雅典卫城的中心——雅典娜女神铜像，在山门口就能看到。山门左侧还有一间画廊，画廊内曾收藏着许多精美的绘画。

进了山门，向右前方走就到了雅典娜女神庙，神庙分前庙、正庙和后庙三部分。神庙全部是由雅典附近出产的蓬泰利克大理石建成的。神庙长近六米、宽近四米，庙内有一个爱奥尼亚式的门厅，还有一个约呈方形的内庙。在建筑物的外部有一条饰以高凸浮雕的中楣饰带围绕着。雅典娜女神庙东面有一个执盾的雅典娜神像浮雕，神圣而庄严。

帕提侬神庙是雅典卫城的主体建筑，坐落在山上的最高处，在雅典的任何地方都能望见它。相传帕提侬神庙是诸神从奥林匹斯山来到人间的聚会地。帕提侬神庙中最为著名的是雅典守护神雅典娜神像，据说它被供奉在神庙正厅内，神像高12米，是由许多的黄金和象牙制成，眼睛的瞳孔镶嵌着宝石，整座神像华贵而典雅，当时许多人都来到神庙瞻仰朝拜它。后来，传说神像被罗马皇帝带到了君士坦丁堡，从此下落不明。

帕提侬神庙有"希腊国宝"之誉，是古希腊建筑艺术的纪念碑，代表了古希腊建筑艺术的最高成就，被称为"神庙中的神庙"。

传说建在高低不平的高地上的伊瑞克提翁神庙，是雅典娜女神和海神波塞冬为争做雅典城保护神而斗智的地方。它大约建于公元前421年—前405年，建筑设计非常精巧，堪称雅典卫城建筑中爱奥尼克柱式的典型代表。神庙东区是传统的6柱门面，南端的石顶是由6根大理石雕刻而成的少女像柱支撑，少女们长裙束胸，亭亭玉立，虽头顶千斤，却依然轻盈飘忽，这些少女像柱是建筑师非凡智慧的体

现。因为石顶的分量很重，而6位少女像柱若要顶起沉重的石顶，颈部必须非常粗壮，但这样会影响少女像的美观。于是建筑师给每位少女颈后加了一缕浓厚的秀发，再在头顶加上花篮，这就成功解决了建筑美学上的难题，因此这些少女像柱闻名世界。现在真品收藏

雅典卫城的古迹

于博物馆中，遗址上的是复制品。庙中的雅典娜雕像直立戎装，成为后来所有雅典娜雕像所依据的形象。

　　胜利神庙建于公元前449年—前421年，台基面积约有四十多平方米。神庙的柱子是爱奥尼克柱式，但柱子比较粗壮，是爱奥尼克柱式中少有的，大概是因为它所敬奉的神灵，也或者是为了和多利克式的山门相调和。在檐壁和女儿墙外侧的基墙上有许多浮雕，浮雕题材都是反波斯侵略的战争场面。而胜利神庙就是希波战争后的建筑物，它的命意、构图以及装饰都是要表现庆祝卫国战争胜利的主题，并把这种纪念永远留存。

 小百科

　　古罗马时期的雅典卫城异常的雄伟壮观，当时的哲学家普鲁塔克曾这样描述卫城的建设："大厦巍然耸立，宏伟卓越，轮廓秀丽，无与伦比，因为匠师各尽其技，各逞其能，彼此竞赛，不甘落后。"

文明壮观
宙斯神像

宙斯神像
所属大洲：欧洲
所属国家：希腊
始建时间：约公元前 470 年

大约在公元前 5 世纪，在希腊的奥林匹亚城，巨大的宙斯神像被雕刻完工，这座雕像最初安置在宙斯神殿中，后来还曾被移到君士坦丁堡，但神像最终的下落，今人已无从知晓了……

　　宙斯神像是古代世界七大奇迹之一。一位记述古代世界建筑奇迹的旅行者曾这样描述宙斯神像："人们以六大奇迹为荣，但人们敬畏宙斯神像。"宙斯神像就位于奥林匹克运动会的发源地——宙斯神殿。

　　在古希腊时期，宙斯神殿是当时的宗教中心。神殿在希腊雅典卫城的东南方依里索斯河畔一处宽敞平地的中央，传说这里是宙斯掌管的地区。宙斯神殿建于公元前 470 年，于公元前 456 年完成，据说神殿是由当地建筑师伊利斯人李班监建的。

　　宙斯神殿本身也采用了多利克式柱式建筑。神殿地表铺上灰泥的石灰岩，殿顶则用大理石雕建而成，神殿由 34 条高约十七米的科林斯式石柱支撑着。殿前、殿后的石像都是用派洛斯岛的大理石雕成。殿内西边人字形檐饰上的很多雕像都是典型的雅典风格。据说，菲狄亚斯建造雕像时，曾亲自到奥林匹斯山问宙斯大神，而大神以降下霹雳闪电，打裂神殿铺道作回答。至于主神宙斯的雕像，则采用了在木质支架外加象牙雕成的肌肉和金制衣饰的"克里斯里凡亭"技术。木底包金的宝座嵌着乌木、宝石和玻璃，整个过程从开始到完成历时 8 年。

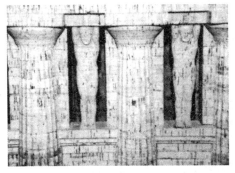

宙斯神殿模型

今天的人们虽然能从古书记载中明确神像的建造年代、构成材料以及雕像装饰等，但是却很难确定菲狄亚斯的作品风格。根据古代文献记载，菲狄亚斯雕塑神像的技艺已经炉火纯青，能使神像具有高不可攀的神圣威严。特别是宙斯神像，既具有普通的宗教形象，也要具备独特的性格。由于菲狄亚斯原作已全部遗失，人们已无法完整地想象出这些作品的真貌。多年来，专家学者曾对菲狄亚斯神像的复制品进行过长期研究，希望能找出其中共同的特点。他们特别注意雅典帕提侬神庙的装饰雕像，据说菲狄亚斯曾经负责监制这些雕像。当然，现在很难断定，菲狄亚斯曾亲手雕过哪一件雕像，因为他既要担任监制工作，又要负责雕塑神殿内的阿西娜巨像，必定是终日忙碌。不过，很可能所有雕像的设计和全部风格都由菲狄亚斯一人决定。神殿东边横带上的神像，被认为是最接近菲狄亚斯风格的作品，只是规模较小。这些神像，在早期的严肃风格与后期轻松及精巧的风格之间，取得了艺术上的奇妙平衡。

宙斯神殿建成后，希腊的宗教中心就移到了宙斯神殿。城邦和平民络绎不绝地往这里送来许多祭品，几百年来，露天神坛是提供给群众供奉宙斯的地方。神坛据说是用献给宙斯的各种祭品的灰烬造的。

为了让被历史掩埋的世界奇迹早日重见天日，考古学家进行了艰苦的勘探与挖掘工作。在奥林匹亚所进行的现代发掘工作，最早的一次是在1829年由法国考察队主持，历时6个星期，但这次发掘成果不大。让近代人士对奥林匹亚有更多了解的，则是德国的考察队。他们从1875年开始，几乎一直没有间断地发掘，虽然找出了宙斯神殿以及装饰用的雕像，并且局部恢复了宙斯神殿原来的形状，但始终没有发现宙斯神像本身

宙斯神殿遗址

的踪迹。然而在 1954 年—1958 年，考古学家在距离宙斯神殿不远的地方，挖出形状大小与神殿的主室相同的菲狄亚斯工作室的遗址，这一发现是值得庆祝的。菲狄亚斯可以在这种类似神殿的环境中雕塑宙斯像而不致妨碍神殿的工作。

宙斯神像在神殿中屹立了近千年，一直接受着四方的朝拜，但它后来却神秘地消失了。至于它为什么会消失，到底是怎么消失的，却无人能说清楚，而这方面的文献资料也很少。有人说是毁于地震，有人说毁于大火，也有人认为是毁于战火，众说纷纭，莫衷一是。根据目前的史料记载，基督教的到来，结束了八百多年来人们对神像的崇拜。公元 393 年，在罗马皇帝的敕令下，古代奥林匹克竞技大会也暂时画上了休止符。接着，公元 426 年，罗马帝国又颁发了异教神庙破坏令，于是宙斯神像开始遭到破坏，菲狄亚斯的工作室亦被改为教堂，古希腊神庙从此灰飞烟灭；神庙内倾颓的石柱在公元 522 年和公元 551 年的地震中被震垮，石材被拆，改建成抵御蛮族侵略的堡垒，随后因为奥林匹亚地区经常洪水泛滥，整座城市被埋没在很厚的淤泥下。幸运的是，神像在这之前已被运往君士坦丁堡（现称伊斯坦布尔），收藏于宫殿内长达 60 年之久，据说最后亦毁于城市暴动中，但真相如何，已难知晓了。

 小百科

宙斯是古希腊神话中的众神之王，他拥有至高无上的权力，主宰人间的一切。但宙斯却并不是一个威严的神，他远不像中国的众神之王玉皇大帝那样高高在上，而是风流成性，希腊神话中多是关于他的"风流故事"。

文明壮观
帕提侬神庙

帕提侬神庙
所属大洲：欧洲
所属国家：希腊
始建时间：公元前 447 年

帕提侬神庙是雅典卫城中最出色的建筑，是古希腊文明最著名的遗迹，是艺术宝库中最为璀璨的明珠，这座巍峨的建筑，见证着古希腊所有的沧桑巨变……

"帕提侬"的名称来自雅典娜的别号"Parthenon"，意为"处女"。这座神庙是雅典卫城的中心建筑，同时也是为歌颂雅典战胜波斯侵略者而兴建的。

在古希腊建筑中，供奉雅典娜女神的最大神殿就是这座帕提侬神庙。此庙不仅规模最宏伟，坐落在卫城中央最高处，庙内还存放一尊黄金象牙镶嵌的全希腊最高大的雅典娜女神像（菲狄亚斯亲手制作）。它从公元前 447 年开始兴建，5 年后大庙封顶，再过 6 年之后各项雕刻才宣告完成。

整个希腊建筑艺术的最高水平在帕提侬神庙中已全部体现。从外貌看，它雄伟壮阔、简洁庄严，细部加工也精益求精。它采取八柱的多利克式结构，东西两面是 8 根柱子，南北两侧则是 17 根，东西宽31 米，南北长 70 米。东西两立面（全庙的门面）山墙顶部距离地面19 米，也就是说，其立面高与宽的比例为 19：31，极为接近希腊人喜爱的"黄金分割比"，难怪它让人觉得典雅大方。柱高 10.5 米，柱底直径近二米，即其高宽比超过了 5，比古典时期多利克柱式（三种希腊古典建筑柱式中最简单的一种）通常采用的 4：1 的高宽比大了

雅典娜雕像的复制品

很多，柱身也相应加长，秀挺了一些。这反映了多利克柱式走出古代规范的总趋势。

微笑的青年、拨琴的乐师、美丽的少女、献祭的动物和举行仪式的祭司等雅典节日游行的盛况，被雕刻在祭殿外面的腰线上。一尊12米高的雅典娜女神的雕像，曾经供奉在帕提侬神庙里。神像设计灵巧，可以搬动或转移隐蔽。菲狄亚斯创造的雅典娜形象是这样的：她站立着，长矛靠在肩上，盾牌放在身边，右手托着一个黄金和象牙雕的胜利之神；黄金制造的头盔、胸甲、袍服色泽华贵沉稳，象牙雕刻的脸孔、手脚、臂膀显出柔和的色调，宝石镶嵌的眼睛炯炯有神……然而，历经战火劫难，帕提侬神庙几经损毁，人们曾对神庙进行过修复，但已无法恢复原貌，现仅留有一座石柱林立的遗迹。

帕提侬神庙的殿堂分为前后两间，前厅和后库分别用来安置神像和存放祭品财物，这点与普通的神庙相同。帕提侬神庙的原前厅安置着菲狄亚斯制作的黄金象牙雕成的雅典娜巨像。为衬托这尊巨像，前厅用两层多利克式的巨石柱列围绕在巨像的左右和后方。雕像处上承屋顶，旁开空廊，更映衬出雕像的高大，而它们的檐部也极为简洁，只有额枋没有三陇板和间板。从塑像前方一直到大门均为空地，不置任何杂物，却在靠近巨像基座处挖出一个长方形水池，利用池中之水反射从大门射进来的阳光，使巨像更为金光闪烁。真正的宝库是与前厅隔开的后库，用来存放雅典的海上同盟各邦交纳的贡金。廊前列雕花铁栅，库房用四根柱子支撑，不过柱子是爱奥尼克柱式而非前厅所用的多利克式。这一方面是为了适应同盟各邦主要属于爱奥尼亚地区的情况，同时也反映了神庙设计思想的一大特点，即按伯里克利所宣扬的"雅典是全希腊的学校"的思想，把两种柱式风格融于一庙。

帕提侬神庙在古典建筑艺术中之所以成为典范，不仅仅在于它的建筑，最重要的是其雕刻艺术。雅典娜巨像现已丝毫不存，据古人的描述，它实为木胎，黄金象牙只起镶嵌作用，肌肤用象牙，衣冠武器则贴以黄金。此类贵重的雕像通常是小型的，雅典人把它做成

历尽沧桑的帕提侬神庙

12 米高的庞然大物，无非是为了显示雅典财富的充盈。

神庙中那条一气呵成的长达 160 米的浮雕灵秀天成，人物动作惟妙惟肖，可以与雅典娜雕像相媲美，历来被公认为是希腊浮雕的杰作。它以表现雅典娜节大游行庆祝活动为内容，第一次把雅典公民的形象堂而皇之地列于庙堂之上。浮雕的鬼斧神工之处在于现存的浮雕仍然魅力十足，尤其浮雕中雅典青年骑马游行的过程，无论是执缰坐鞍的青年还是昂首前奔的骏马，都被刻画得栩栩如生。

神庙中用神话传说中希腊人与异族斗争并获得胜利的故事做题材的 92 块间板浮雕，也许是希腊与波斯的那场生死存亡的战争画面的真实写照。由于间板是四方形的，每块浮雕一般只刻一幅厮杀图景。

小百科

帕提侬神庙中最伟大的艺术品是雅典娜神像，这是希腊著名的雕刻家菲狄亚斯的代表作。菲狄亚斯是欧洲古典雕刻艺术的代表，他曾经在重建雅典卫城时担任艺术装饰的总设计。据说他的作品堪称神品，但存世甚少。

文明壮观
巨石阵

巨石阵
所属大洲：欧洲
所属国家：英国
始建时间：公元前 4000 年—前 2000 年

位于英国索尔兹伯里平原的史前巨石阵，以神圣而庄严的姿态展现在世人面前。很多人相信，这座远古时代的非凡建筑是祖先故意留给现代人的一个巨大的谜题。

位于英格兰威尔特郡索尔兹伯里平原的巨石阵，又被称为索尔兹伯里石环、环状列石、太阳神庙、史前石桌等等。它约建于新石器时代末期至青铜时代的公元前 4000 年—前 2000 年，是欧洲著名的史前文化神庙遗址。

这个巨大的石建筑群由许多重约五百吨的蓝砂岩组成，位于空旷的原野之上，占地面积约十一万平方米。巨石阵不仅在建筑学史上具有重要地位，而且在天文学上也同样有着重大的意义：它的主轴线、通往石柱的古道和夏至日早晨初升的太阳在同一条线上；另外，其中还有两块石头的连线指向冬至日落的方向。人们据此猜测，这很可能是远古人类为观测天象建造的天文台。

科学家们推测，巨石阵还有可能是远古时代用来祭祀的场所。相传德鲁伊教在英国索尔兹伯里平原上建造了巨石阵，目的是用来献祭太阳神，从此德鲁伊教便出现在巨石阵的故事里。德鲁伊教是公元前 5 世纪—前 1 世纪散居在不列颠、爱尔兰等地的凯尔特人信仰的一种宗教。据说德鲁伊教有着非常神秘的形式和教义：德鲁伊教士精通物

理、化学，住在树林中，用活人祭祀。在英国除了索尔兹伯里巨石阵外，还有九百多座圆形巨石阵，这些巨石阵分布在英国不同的地区。

人们依旧对神秘的巨石阵作着各种各样的推测和解释。2003 年，考古学家在巨石阵不远处发现了一座古墓，墓中出土的陪葬品有一百多件，包括金、银、铜等装饰品，陪葬品的数量是同年代墓葬的 10 倍之多。据专家考证，墓中的主人是阿彻，其地位非常显赫。阿彻大约生活在公元前 2300 年，而这个阶段恰好是巨石阵形成的时期，考古人员发现，阿彻墓中的陪葬品大部分来自阿尔卑斯山，从阿彻遗体留下的牙齿形状和损毁的程度检测来看，他的童年是在阿尔卑斯山区度过的，他很有可能来自瑞士或者奥地利一带。如果是阿彻建造了巨石阵，那么被视为英国古老象征的史前巨石阵将会是一位外来人的作品。考古学家推断，巨石阵是由生活在不同时代的维赛克斯人和阿彻共同建造完成的，由此可知建造巨石阵经历了漫长的时期。

20 世纪 50 年代，考古人员研究发现，史前巨石阵的建造共分为三个阶段。第一个阶段为公元前 2800 年前后的新石器时代晚期。不过当时并没有巨石，只是建造了一个能容纳数百人的圆形土堤，在土堤内挖出了 56 个圆形坑。

第二阶段为公元前 2000 年的铜器时代初期，人们对巨石阵的入口进行了改造，铺设了壕沟和两道 500 米长的人行道。被称为"斯泰申石碑"的四座石柱，竖立在了巨石阵的内侧。然而在这个阶段，可能由于计划改变，这项工程突然停止，于是石柱被搬走，坑被填平。

夕阳下色彩瑰丽的巨石阵

巨石阵的建造于公元前 1000 年迎来了第三阶段。这一阶段，人们用运来的一千多块巨大的沙粒岩建成了有三十多个石柱的外围。并将外围里侧布置成马蹄形。在第三阶段中期，在这五座石碑坊的里侧布置了许多蓝砂岩石柱，而且这些石柱残存到了今天。

蓝砂岩是巨石阵的主要材料，但在索尔兹伯里地区的山脉中并没有发现蓝砂岩。最终，考古学家在南威尔士普利赛力山脉中发现了蓝砂岩。考古得出的结论表明：人们在数千年前，不但能从山体中开凿出坚硬的蓝砂岩，还能将其粗糙锐利的表面打磨光滑。

搭盖起来的巨石

研究人员认为，运输巨石并没有想象中困难，运输的工具很可能是撬杠、滚木和绳子。古时候巨石阵周围的山谷里有茂密的树林，人们利用坚硬的树木充当滚木和撬杠，而一种叫作断树的树皮可以制成绳子，考古学家先将树皮放在湿泥里浸泡 6 个星期，当树皮变成了富有韧性的纤维后，把它们绞在一起，这样就成了简单结实的绳索。

专家们认为，在没有起重设备的条件下，古人将横梁放到石柱顶部采用的是"土屯法"。土屯法就是利用斜面原理，用土将两个柱子埋起来，形成一座山丘，其高度为这块巨石所要到的位置，将山的外侧做成一个斜坡，然后从斜坡上把石头拉上去，下面用撬杠，很可能要铺原木，就位之后再把土挖掉。

自巨石阵建成之后，在漫长的岁月里它就像充满魔力一般，无时无刻不吸引着世人的目光。

而今，这座远古时代的非凡建筑，依旧屹立在索尔兹伯里平原上，向人们默默地诉说着史前文明的精彩传奇。

 小百科

巨石建筑是新石器时代至早期铁器时代所特有的建筑类型，多是用巨大石块做成的墓冢或宗教崇拜物。巨石建筑一般分为三类：1. 立石或列石；2. 石棚；3. 环状列石。该建筑的出现反映了原始社会末期的宗教信仰。

文明壮观

巴黎圣母院

巴黎圣母院
所属大洲：欧洲
所属国家：法国
始建时间：1163 年

巴黎圣母院具有典型的哥特式建筑风格，教堂祭坛、门窗、回廊等处的绘画和雕刻等艺术作品，以及里面所珍藏的 13 世纪—17 世纪的大量的艺术珍宝使之闻名于世界。

举世闻名的巴黎圣母院是一座典型的哥特式教堂建筑，位于巴黎塞纳河的斯德岛上。它最早是由教皇亚历山大三世和法国国王路易七世建于 1163 年，历经 182 年的修建，到 1345 年最后落成。圣母院的祭坛、门窗、回廊等处的绘画和雕刻艺术，以及它所珍藏的大量 13 世纪—17 世纪的艺术珍品使它举世闻名。现在它已成为欧洲建筑史上一个划时代的标志。

圣母院正门前有一个用于巴黎市民集会的广场。正面顶部是左右对称的两座高约六十米的四角形方塔，侧墙由双层弓形支柱支撑，教堂呈拉丁十字形平面，十字交叉点耸立着一个高一百多米的尖塔，内部大厅东西长 125 米、宽 47 米，尖拱直棱，高墙上方是一排排对称的彩绘玻璃。在三个内凹的拱形门洞上方，就是所谓的"国王廊"，上面有分别代表以色列和犹太历代国王的 28 尊雕塑。中间大门的立柱上有公元 5 世纪时巴黎大主教圣马塞尔的雕像。

"国王廊"上面是中央部分，两侧是两个非常大的石质中棂窗子，中间则是一个玫瑰花形的大圆窗，其直径大约有十米。中央供奉着圣母和圣婴，两边还有天使的塑像。

巴黎圣母院中最动人的要数它那拥有三个巨大玫瑰浮雕的圆形花窗，这三个玫瑰花窗分别装饰着正面和左右两侧，使巴黎圣母院平添了几分美丽。

整座教堂的墙壁、屋顶、门、窗都是用石头雕砌而成的。华丽精美的雕饰、五光十色的玻璃彩绘，使巴黎圣母院更加富丽堂皇。法国著名的浪漫主义小说家维克多·雨果在长篇小说《巴黎圣母院》中就将其作为背景而演绎了一场人性美丑的道德剧。因此巴黎圣母院不仅见证了历史的沧桑，也见证了人性的善恶。

虽然巴黎圣母院的外观很华美，但教堂的内部却非常朴素，几乎没有任何的装饰，而且内部十分宽敞，仅大厅就能容纳九千多人，而讲台上就能坐 1 500 人。厅内还有非常著名的大管风琴，琴上大约有六千根音管，音色极为浑厚、响亮，非常适合演奏圣歌，也适合演奏一些悲壮风格的乐曲。

每到礼拜的日子，教堂的钟楼就会传出悠扬的钟声，回荡在塞纳河上，虔诚的信徒们神情庄重地走进圣母院，或祈祷或忏悔，将自己的一切都独自倾诉给上帝，希望自己能得到救赎，可以超脱。

基督教堂中不可或缺的唱诗班的席位，位于巴黎圣母院那充满飘逸动感的中殿深处。与基督教堂相伴而生的是基督教的仪式音乐（赞美诗）和复调音乐。赞美诗是纯粹的宗教音乐，著名的僧侣音乐家们创作的赞美诗回荡在这里，它极其朴实、庄严，没有伴奏，仅仅靠人的歌唱。它只有一种节奏，中世纪的音乐家们把它视为所有艺术中最高的艺术。这种艺术似乎超然于现实生活之上，但它对心灵与精神却有着极强的征服力，表达出一种无比崇高的精神境界，使心灵能够得到超凡的净化。

巴黎圣母院是一幢宗教建筑，它闪烁着法国人民的智慧，在世界建筑史上更被誉为"由巨大石头组成的交响乐"。它体现出人们对美好生活的向往与追求。

小百科

哥特式艺术一反罗马式厚重阴暗的半圆形拱门的教堂式样，而是由尖角的拱门、肋形拱顶和飞拱构成一个完整的体系，以垂直轴的骨架结构承载建筑物的重量，所有门窗券顶都设计成尖拱状。

文明壮观
圣米歇尔山

圣米歇尔山修道院
所属大洲：欧洲
所属国家：法国
始建时间：16 世纪

法国著名古迹和基督教圣地圣米歇尔山位于法国西部一个距海岸两千多米远的小岛上，小岛在英吉利海峡对面的大西洋沿岸。圣米歇尔山素有"西方名胜"之称。

圣米歇尔山被人们誉为"西方名胜"，小岛高高耸立，岛的顶部是哥特式建筑本笃会修道院。透过高大的城墙，海湾全景一览无余。这座修道院堪称非凡技艺之杰作，与周围独特的自然环境巧妙地融为一体。

据说公元 8 世纪时，红衣主教奥贝夜间梦见天使米歇尔示意他在米歇尔山修建教堂，这就是圣米歇尔山上的第一座教堂。只是当初奥贝修建的教堂在岁月的洗礼下，如今只剩下了一面墙，向人们诉说着圣米歇尔山名字的由来。

圣米歇尔山正好处在法国诺曼底与布列塔尼之间，当人们从布列塔尼海岸遥望圣米歇尔山时，它就像一个美丽的童话世界：碧海白沙环绕四周，舒展着巨翼的天使米歇尔站在教堂钟楼的尖顶上，熠熠生辉的金像就像一个明亮的光点与日争辉。

其实圣米歇尔山最初的名字叫同巴山，严格来说它其实只是一个小丘，但由于它处于大海前的空旷沙地上，四周既无树木又无房屋，因此显得比实际高度要高很多。由坚硬如铁的花岗岩构成的同巴山具有坚实的岩基，这就保障了教堂建造的稳固性。教堂建立起来以后，

人们几乎都已忘了"同巴山"的名字,而都称它为圣米歇尔山。

圣米歇尔山上建筑群的底部是由罗马式大石柱支撑着的两个大殿。几百年来,这两个大殿至关重要,因为它为人们提供了食和住两个最基本的生存保障。不过在法国大革命期间,这里也曾作为监狱囚禁过一些著名人物。

教堂上部是教士们的修行室和会客厅。要到达顶层的圣殿须穿过数不清的厅堂和迷宫似的走廊,圣殿殿堂的空旷会令每个初登米歇尔教堂的人叹为观止。因为这里没有一个精美的石雕,也没有豪华的讲坛,哥特式玫瑰窗上也没有绚丽的彩色玻璃。一切都那么平凡而朴实,没有夸张,没有奢华,很难让人想象得出,在如此雄伟壮丽的外形之中,隐藏着这样朴实浑厚的心灵。

除了梵蒂冈和耶路撒冷,圣米歇尔山是最重要的基督教圣地。因此,它在欧洲宗教和建筑史上具有不可动摇的地位。梵蒂冈的圣彼得大教堂和耶路撒冷的耶稣基督堂,还有欧洲其他一些大大小小的教堂,这些教堂里面华美的雕塑和装饰、绚烂晶莹的彩色玻璃、宽阔的讲坛、巨大的管风琴,高远神圣的感觉会让你感到自己的卑微。圣米歇尔大教堂的平静、安详、朴实、浑厚则完全是另外一种神圣。身处其中,一切浮躁都会烟消云散。也许只有如此宁静才能使教士们潜心修行,只有如此亲和才足以吸引八方的信徒们不顾被流沙吞噬、被海潮卷走的危险而上山朝圣。

从圣米歇尔山顶上可以俯瞰一望无际的流沙,15千米以外便是大西洋湛蓝的海水。如果游人被流沙表面的平坦光滑所迷惑而走在上面,那么流沙内部的暗流就会像蛇一样缠住人腿,将其吞噬。

圣米歇尔山一带还有世界上最壮观的大潮,并且以潮水落差巨大而闻名。最大的潮是每月望月和朔月的36小时~48小时之后,涨潮的时候,18千米外的潮水会以极其迅猛的速度向圣山扑来,一会儿就将四周淹没。几个世纪以来,迅猛地涨潮一直是圣米歇尔山的著名景观,而圣米歇尔山的

圣米歇尔山灯火通明

美丽的海中圣山圣米歇尔山

一大特色就是观潮。每逢傍晚,大西洋的潮水会以迅雷不及掩耳之势奔腾而来,刹那间将周围的流沙淹没,变成一片汪洋,只有一条1877年修建的堤道与大陆相连。每年春天和秋天,会有两次大潮出现,海上圣山的奇观任何人看了都会被深深震撼,因此被称为世界奇迹,每年吸引着无数游客。

站在修道院的西侧平台上可以俯瞰海湾的美景,尤其是在早上或黄昏,由于潮水涨退,会出现不同的潮汐美景。要尽情欣赏圣米歇尔山的风姿,最好在山上住宿一晚。早上的圣米歇尔山宁静秀美,像个不食人间烟火的仙子;夜里掌灯时分,住在山上观海、听潮,看修道院在灯光的映照下,祥云浮动,极尽华彩。

如今在圣米歇尔山上还有一小群修士在山上遵循着当年本笃会的宗教传统,过着隐士般的生活。

一千多年来,曾被法国总统密特朗赞誉为"法国的泰山"的圣米歇尔山,一直傲然而立,临风眺海,俯瞰着大西洋海水的起起落落,迎接着一代又一代虔诚的信徒,接受他们的顶礼膜拜。

🔍 小百科

圣米歇尔山上还设有坚固的堡垒和城墙,在英法百年战争时期,这里曾起到了关键的作用,它成功地抵御了英军的攻击。圣米歇尔山不仅是军事建筑的典范,它更成为法国民族精神的象征。

文明壮观

比萨斜塔

比萨斜塔
所属大洲：欧洲
所属国家：意大利
始建时间：1174 年

大名鼎鼎的比萨斜塔坐落在意大利比萨城东北角的奇迹广场上，它并不是一座塔，而是比萨主教堂建筑群的一部分——钟楼。1987 年联合国教科文组织将其作为人类文化遗产，列入《世界遗产名录》。

　　始建于 1174 年的比萨斜塔，到 1350 年才全部完工，历时百年之久。除了几根柱子为花岗石外，其余全部建筑材料都是大理石。比萨斜塔总高约五十五米，塔的截面为圆形，塔体逐层缩小，中间 6 层完全相同。塔基直径约 19.6 米，顶层直径 12.7 米。全塔总重 1.45 万吨。塔高 8 层，每层外围呈拱形券门状，底层有 15 根圆柱，中间 6 层各 31 根，顶层 12 根，共有 213 个拱形券门。各层均以连列拱进行装饰，2 层至 7 层为空廊，第八层为钟亭，向内缩进，底层墙上有连续券浮雕。塔内有螺旋状楼梯 294 级，可盘旋而上直至塔顶。

　　刚开始建造时，比萨斜塔是直立的，但是由于地基打得不深，土层强度低，当第三层完工时，塔身开始倾斜。负责建造的工程师想了很多种方法试图补救，但结果越陷越深，最后他们不得不停止施工。

　　101 年后，对斜塔继续进行施工的重任落在了建筑师西蒙的肩上。他于 1275 年开始着手这项工作，此时，他发现塔的第三层上缘已经倾斜了九十多厘米。

　　对此，西蒙不加理会，1284 年时，又把塔高增加了三层。当然，

他这样做并不是无章可循，因为西蒙和后来的建筑师也要顾及建筑物的倾斜问题。为了减轻斜塔上部的重量，西蒙不仅减薄了墙壁，而且还采用轻质灌注材料，在内外壁之间留有 30 厘米～80 厘米宽的空腔，越到上面，空腔越大。

人们今天所看到的斜塔完成于 1350 年。第七层、第八层及钟架是在最后一个建筑师比萨诺的手里建成的。第七层与第八层之间，斜塔来了个转折，即第八层是倾向于北面的（整个塔身向南倾斜）。此外，斜塔没有楼顶，建筑师们以此来减轻重量和平衡倾斜。此时，塔顶中心点已偏离垂直中心线 2.1 米。

比萨斜塔自建成以来，每年都以 1 毫米～2 毫米的速度向南倾斜，至今倾斜度已达 5.5°，塔顶的中心点偏离垂直中心线近五米，塔顶南侧比北侧低 2.5 米，看上去相当危险。优良的建筑品质是斜塔久立不倒的主要原因。每块砖都紧紧黏合在一起，使斜塔保持着良好的完整性，因此不致于断裂或倒掉。

为了挽救斜塔，人们纷纷献计献策，提出了各种设想：有的人想用气球提吊斜塔，减轻塔身对地基的压力；有的人想把斜塔"拔"出地面，一砖一砖重新修整；有一家企业建议用钢棒支撑斜塔，另一家则建议用钢丝绳来固定；此外，人们还提出不少大规模的加固方法。

但是，比萨城是在一个河谷的冲积地上建立起来的，塔又建在一个不平坦的小坡顶，地基下的黏土层受重压而紧缩，受压不均匀，导致地面上建筑物倾斜，地下潜水层一再变动，也会导致黏土层的收缩。因此，只有改善塔基下的地质状况，才能从根本上解决这一问题。

刚开始时，所有举动似乎都是不安全的。1934 年，人们将 90 吨水泥灌入地基及四周，结果斜塔非但没有稳固，反而倾斜得更快了。不过，1970 年实行的举措是成功的：在方圆 3 000 米以内禁止取用地

下水，地下水位因此稳定，从而使斜塔倾斜速度放慢了。

1990 年，人们对停止接待游客的比萨斜塔进行了加固维修：斜塔的底檐被 18 根钢缆箍起来，这样，底座和地基就可以牢牢地固定在一起了。随后在石基座上加了用钢筋及混凝土制成的壳状物，往北侧上翘的地基里灌进近六百吨铅液，以平衡南侧的力量。这一举措效果颇为明显，到 1993 年底，塔身非但没再倾斜，反而向北侧矫正了 4 毫米。

其实，人们也不必过分担心斜塔的安危。因为按照现在斜塔每年倾斜 1 毫米~2 毫米的速度，由万有引力定律计算得出，塔的北端大约在两千年以后才能超过原有的垂直中心线，从而塔才会倒掉。相信到那时，人类一定会找到更好的办法来阻止这一情况发生。

小百科

在 1590 年，意大利物理学家伽利略在比萨斜塔上公开进行自由落体实验，推翻了希腊学者亚里士多德关于不同质量的物体落地的速度不同的理论。比萨斜塔因此更加著名，世界各地游客纷至沓来，争相一睹斜塔风采。

文明壮观
罗马竞技场

罗马竞技场
所属大洲：欧洲
所属国家：意大利
始建时间：公元 70 年—82 年

罗马竞技场是迄今遗留下来的古罗马建筑中的卓越代表，也是古罗马帝国永恒的象征。虽然竞技场中的昔日大舞台已不复存在，但仍可使人领略到 2 000 年前竞技场那雄浑壮阔的气势。

罗马竞技场大约修建于公元 70 年—82 年。竞技场位于意大利的首都罗马市的中心区，在威尼斯广场的南面。

从外观上看，罗马竞技场呈正圆形；俯瞰时，竞技场却是椭圆形的。整个竞技场的占地面积约二万平方米，大直径约一百八十八米，小直径约一百五十六米，整个建筑的周长为 527 米，外墙高 48.5 米，竞技场能容纳观众近五万人。竞技场的围墙共分四层，一层、二层、三层均有半露圆柱装饰。第一层的圆柱为粗犷质朴的多古斯式，第二层圆柱为优美雅致的爱奥尼亚式，第三层圆柱为雕饰华丽的科林斯式。每两根半露圆柱之间为一长方形拱门，拱门之间还有相连的通道。一层、二层、三层共计 80 个拱门。第四层外层表面装饰简单，由长方形窗户和长方形半露方柱构成，上面有遮阳的天篷。

竞技场的内部是阶梯状布局，皇室、贵族和骑士阶层都在第一层；市民们则在第二层，第三层就是平民的座位了。第一区的第一排是皇帝及其随行人员的专座，用整块大理石雕琢而成。该区的其他座位则是为元老院议员、祭司、法官、贵宾，以及后来的主教所设。据

说，在古代，每个位于第二、三层的拱门洞中都有一尊装饰用的大理石人物雕像，它们英武豪俊，姿态各异，使建筑显得既宏伟又不失灵秀，既凝重又空灵。整体建筑看上去就像一座现代化的圆形运动场。

罗马许愿池

竞技场内看台上面是一个较大的平台，此处可供观众随意站立观看表演。看台前还专门建有与表演区相隔的高高的栏杆护墙，以防止危险发生。竞技场还专门为观众的进出建了四座大型拱门。当然，皇帝进出自有专设之门，该门位于竞技场东北部第三十八和第三十九两门之间，较其他门要宽得多并且带有门框。

竞技场中央是一个巨大的椭圆形角斗场。斗兽、竞技、赛马、歌舞、阅兵和演戏都在这里进行。据说，当初竞技场落成之时曾举行了盛大的庆典，大约有五千多头猛兽亮相，庆典之后，竞技场不停地举行角斗比赛，死亡的猛兽和角斗士不计其数。这种血腥的娱乐方式也体现出了当时人性的野蛮和残忍。虽然昔日的大舞台已不复存在，呈现在人们眼前的只是过去供演员化妆、角斗士做竞技准备和关野兽的地下室，但这仍能使人领略到 2 000 年前竞技场那壮阔的气势。竞技场是古罗马建筑中的优秀典范，它对西方的建筑，一直有着重要的影响。

昔日的巍峨壮观，只能由现存的遗址去猜测、想象了，然而谁又能真正地领略当时竞技场的雄伟，以及场上斗争的残酷呢？古罗马人爱好角斗，这也是他们血性的一种体现，是古罗马文明的一部分，只是随着罗马帝国的逝去，竞技场如今只是人们眼中的一处风景。

小百科

角斗士也称"剑斗士"，是古罗马专门从事剑斗的奴隶。角斗士多源于战俘，经过剑术训练后，到大角斗场或其他公共场所中，手持短剑和盾牌彼此角斗或与野兽搏斗，以其流血、死亡供奴隶主消遣作乐。

文明壮观
米兰沙龙

米兰沙龙
所属大洲：欧洲
所属国家：意大利
始建时间：1865 年

米兰为伦巴第的首府和米兰省省会，是意大利第二大都市。该市拥有丰富的人文景观和旅游资源。米兰市的旅游业是以大教堂为中心发展起来的。杜奥莫主教堂是欧洲大陆的第三大教堂。

为了能找出一个合适的方法来扩展教堂周围的土地，米兰市的一些长老们决定于 1860 年举办一次建筑师资格的考试，结果波隆纳的建筑师朱塞佩·曼哥尼在考试中脱颖而出。

1865 年，曼哥尼的设计得以执行。他在斯卡拉广场和教堂广场之间，设计了顶端是弯曲圆顶的用玻璃覆盖的拱廊，这是以往只能在罗马圣彼得教堂才能看到的样式。米兰的维托里欧·艾曼纽拱廊以 45 米高的玻璃和钢铁圆顶为特色，它和罗马圣彼得大教堂的圆顶不相上下。这位建筑师想建造的不仅是中产阶级的教堂，而且还是罩有顶棚的购物区。

五层楼的十字形回廊的巨大规模令人难忘：一轴长 196 米，另一轴长 105 米，交叉中心是一个八边形的圆顶，直径有 36 米。曼哥尼设计了名人堂，里面描绘的却不是圣人像，而是艺术、科学和工业等领域的著名人物的画像。在美丽的大理石地板上的马赛克镶嵌图呈现了萨佛伊皇家的家谱和意大利省的盾徽。

1861 年，意大利宣告统一后，曼哥尼把他的任务看作民族意识的

化身。意大利国王维托里欧·艾曼纽二世曾经为意大利的统一作出很大贡献，曼哥尼想借助此工程对国王表达特别的敬意。可以说，曼哥尼具有很深的爱国主义情结。他将两千多名工人花费一年半的时间建成的回廊献给了国王，国王在1867年9月15日启用了它。国王觉得教堂周遭仍然缺少一些东西，因此他决定增建一座凯旋门。10年后，建筑师曼哥尼从拱顶施工的鹰架上坠地身亡，但他可以安息了，因为在死前他已经知道他的回廊成功了。米兰人喜爱这个回廊，称这里为米兰沙龙。

如果你漫步在米兰街头，就会看见沿着商店闲逛的女士们和先生们，他们个个衣着华丽，因为米兰人十分看重"给人一种好印象"。碧菲酒吧是人们聚会的好去处。这家宽阔的大酒吧有特别的员工，服务很周到。而靠近通往教堂的出口，由嘉士佩拉·康巴瑞经营的小酒吧也特别受欢迎，在这里供应一种很特殊的餐前酒，其以"康巴瑞"之名赢得了国际声誉。

目前，不再是米兰的文化和社会生活中心的维托里欧·艾曼纽二世回廊，仍然是米兰生活的一面镜子，同时也是一个舞台：人们既是演员也是观众；精明的商人正要前往此处谈一笔生意；背着行囊的旅行者正在大理石路上享受美食；游客对着商店和回廊建筑尽情地拍照……

回廊看起来大致与一百多年以前一样。1943年盟军轰炸造成的损害早已修复完好。沙文尼餐厅还在，康巴瑞酒吧及其有名的自助餐也是如此，这里曾是作曲家威尔第和普契尼常常光顾的地方。碧菲酒吧也还在那里，只是不如原来的规模大了。

小百科

米兰是意大利的第二大城市，也是意大利最大的工业、商业和金融中心。它坐落于肥沃的波河平原西部，伦巴第平原的西北部。米兰属温带大陆性气候，冬凉夏热，年降水量968毫米。

文明壮观

科隆大教堂

科隆大教堂

所属大洲：欧洲

所属国家：德国

始建时间：1248 年

以轻盈、雅致闻名于世界的科隆大教堂不仅是中世纪欧洲哥特式建筑艺术的代表，也是世界上最完美的哥特式教堂建筑。它与巴黎圣母院和罗马圣彼得大教堂并称为"欧洲三大宗教建筑"。

科隆大教堂全名是查格特·彼得·玛丽亚大教堂，又称圣彼得大教堂，位于莱茵河畔的德国科隆市中心，是科隆的标志，它是德国最大的教堂，也是全世界最著名的德国建筑纪念碑。早在中世纪时期，科隆大教堂就被描述为"教堂之母"。从 19 世纪中期起，它就成为德国的圣堂。

始建于 1248 年的科隆大教堂，几经波折，历经 7 个世纪才竣工。除了自身特有的价值及包含的艺术价值外，它还表现了欧洲基督教的力量和耐力。由于社会和环境等诸多原因，科隆大教堂曾被破坏和损毁，因此它总是被不断地翻修。现在，人们已习惯了这种状况。

15 世纪时，神圣罗马帝国皇帝承认科隆为自由城市，该城获得了城市自由权。大教堂的兴建是天主教和中世纪文化在欧洲勃兴的象征。1164 年，从东方去朝拜基督的"东方三圣王"的遗骸，被征战意大利米兰的德意志帝国皇帝、科隆大主教莱纳德以战利品的名义从米兰移到了科隆。于是，科隆成为继西班牙的圣地亚哥、意大利的罗马和德国的亚琛之后最有名的宗教朝圣地。当时的科隆主教团决定修

建一座世界上最大、最完美的大教堂，来供奉遗骸，建筑风格选取当时新兴的哥特式，科隆大教堂由此诞生。

科隆大教堂占地 8 000 平方米，建筑面积约六千平方米，东西长 144.55 米，南北宽 86.25 米。大教堂的主体部分有 135 米高，大门两边的两座尖塔高达 157.38 米，像两把锋利的宝剑直插云霄。大教堂的四周还有许多小尖塔。大教堂内分为 5 个礼拜堂，中央大礼拜堂穹顶高达 43.35 米，中厅跨度为 15.5 米，各堂排有整齐的木制席位，圣职人员的座位有 104 个，具有中世纪晚期风格的唱诗台是德国最大的唱诗台，它的特别之处在于各有一个预留给教皇和皇帝的座位。在装饰精美的镀金三王圣龛中就存放着"东方三圣王"的遗骨，因此这个祭坛也成为西方最重要的祭坛之一。

科隆大教堂本身既是一个传奇，也是艺术史上非常出众的题材。教堂内部有着极其讲究的装饰：大教堂四壁上方的玻璃窗上有绘有《圣经》故事的图画，而这些图画都是用彩色玻璃镶嵌而成的。这些玻璃总计 10 000 平方米，是教堂的一道独特风景。在阳光反射下，这些玻璃金光闪烁，绚丽多彩。堂内还有好几幅石刻浮雕，描绘出圣母玛丽亚和耶稣的故事。教堂的钟楼上还装有 5 座吊钟，其中 1924 年安装的重达 24 吨的圣彼得钟是吊钟中最大的。每逢祈祷时，悠扬洪亮的钟声，传播得非常远。登上钟楼，莱茵河的美丽风光和整个科隆的市容都尽收眼底。

科隆大教堂内部豪华的装饰

夜色中的科隆大教堂最为壮观：在灯光的辉映下，教堂显得灿烂夺目，美不胜收。装在四周各建筑物上的聚光灯向教堂射出一道道青蓝色的冷光，照在宏伟的建筑上，仿佛给教堂嵌上了蓝色的宝石，染上了绮丽的神秘色彩。教堂中央的双尖顶直插云霄，一连串

夜色下瑰丽的科隆大教堂

的尖拱窗驮着陡峭的屋顶，使整座教堂显得清奇冷峻，充满力量。

科隆大教堂是以全欧洲两座最高塔为主门、内部以十字形平面为主体的建筑群。一般教堂的长廊多为东西向三进，与南北向的横廊相交于圣坛呈十字架形，而科隆大教堂采用的是最为罕见的五进建筑，内部空间高而宽，高塔将人的视线引向天空，指向苍穹，象征了人类与上帝沟通的渴望。传说，舒曼因为进入这个大教堂，震慑于其气势，从而激发了创作《莱茵交响曲》的灵感。

自大教堂完工后，科隆市政府即规定：城内所有建筑不得高过教堂，造成了科隆许多大楼的地上建筑只有七八层，地下却有四五层之多的特殊现象。从建筑规模和装饰艺术质量来看，科隆大教堂均胜过它之前所有的哥特式建筑，因而成为世界上最著名的保存最完好的哥特式建筑风格的教堂之一。

 小百科

科隆是德国北莱茵—威斯特法伦州的经济和文化中心。它位于莱茵河及东西欧陆上交通要道与历史上宗教徒朝圣要道的交会处。城市面积为405.2平方千米，人口约九十九万，自古以来就是一座历史名城。

文明壮观
挪威木造教堂

挪威木造教堂
所属大洲：欧洲
所属国家：挪威
始建时间：12 世纪下半叶

木造教堂在挪威语中读作"斯塔布希尔"。由于教堂内部圆木柱子非常像船的桅杆，所以木造教堂又被人们称为"桅杆教堂"。它们与一般圆木教堂最大的不同就是不使用一根钉子或螺丝。

约在公元 995 年—1030 年，由基督教兴起的木教堂建筑传入挪威，到 14 世纪中叶，也就是黑死病在欧洲大面积传播的时期，共建有上千座木教堂。这些木教堂主要分布在挪威的西南部地区，以及波罗的海入海口一带的河流沿岸，这些地区海岸线曲折，海湾林立，便于船只躲藏。由于聚集着很多族人，所以这里也成为古挪威人的文化中心。

在挪威境内，至今仍保存着许多古老的木教堂，这些木教堂大多建于 1200 年—1350 年。木教堂不但见证了挪威历史上改朝换代的时刻，同时也象征着基督教在挪威萌芽时期及多神教结束的时代。木建筑在挪威有着悠久的历史，13 世纪—14 世纪，当教堂建筑进入高峰期之际，木建筑的技术相应地也有所改良，甚至发展成为一门木建筑的艺术，而在挪威，奥尔内斯的木教堂则是这种艺术的代表。

始建于 12 世纪下半叶的奥尔内斯的木造教堂是挪威现存的 28 座木造教堂中最引人注目的一座，是挪威中世纪最著名的教堂。奥尔内斯的木造教堂位于挪威中部的松·奥·菲约拉内郡。1979 年联合国教

科文组织将奥尔内斯的木造教堂作为文化遗产，列入《世界遗产名录》。由于人们对其进行了认真的维修并采取了各种防护措施，这座古老的木造教堂才得以保存完好。

奥尔内斯教堂的屋角上支着一个巨大的柱子，上面由梁和承梁所固定。奥尔内斯教堂全部用木板建成，共三层，整体呈四方形。该教堂借鉴了挪威早期王宫大厅和巴西利卡教堂的传统样式，每层都有陡峭的披檐，上面是尖顶，外形很像古老东方才有的古庙。教堂后面是长满林木的山麓，前面有石块垒成的围墙。教堂中殿北墙的木料和刻有动物形象的大门源于比该教堂还要早 100 年的一座建筑物。西山墙上和后殿的一面山墙上也刻有类似大门上的图案，生动形象。采用海盗时代建筑法的教堂，内部仿照罗马建筑的风格装饰，整个天花板像被覆盖着的船底。奥尔内斯木教堂样式完美地体现在柱头和布道坛的装饰上，它将维京文化与基督教文化巧妙地融合起来，形成了北欧独特的建筑及装饰风格。

教堂入口处有圣母玛丽亚雕像和胡安陪伴耶稣受难的雕像。教堂内还珍藏了许多圣坛、边座、唱诗席的屏饰，靠背长凳和壁画等经历了八百多年历史的珍贵文物。当然，这里面价值最高的当数 12 世纪的精美木雕画，可以说是价值连城。

保存得非常完好的斯塔万格木教堂，历史悠久，大约建于 1150 年。教堂的一部分是以原址的旧教堂改造的，所以年代更加久远。教堂的北门是其中最古老的部分，上面刻有一些动植物的图案，动物的形态很像蛇。这扇门原是前教堂的西前门，它的历史可追溯到1050 年。暖色系的世纪老松木是教堂内部装饰的主色调。在唱诗班中可以找到中世纪的主教座椅、华丽水晶灯、耶稣及圣母等雕刻。教堂内的长椅及一些装饰品则源于 16 世纪

基督教改革的年代，而祭坛及部分演说台同属17世纪后期的制品。斯塔万格木教堂曾经归私人所有，自从1979年正式被联合国列为世界遗产后，才受到国家的永久保护。

历史上，大多数的木教堂都建在挪威人的圣地和庙宇的原址上，后来这些地方又被基督徒们摧毁，侵略者们在这里祭祀自己的神，并且在周围的空地上树起了石碑，这些石碑上都雕刻着十字架。从此，这些教堂就成了侵略者的安息之地。所以木教堂被挪威的极端民族主义者看成是人们对挪威传统文化莫大的亵渎，这也就是20世纪90年代初爆发"烧教堂事件"的主要原因。现如今，木教堂仍然是挪威文明的一部分，对挪威的本土文化也起到了积极的传承作用。

虽然国家可以被征服，但那些刻在教堂上的"龙"和"蛇"依然守候在自己的大地上，在基督教传入挪威的1 000年中，它们不但没有被征服，甚至出现在侵略者举行仪式的场所。历史上的是非恩怨不可能在微观层面上解释清楚，人类过去的存在和未来的发展实际上就是在用人类的历史来解读历史，到人类历史消亡的那一天，这些是非恩怨都会被遗忘，留下的只有人类那些杰出的艺术创造。

🔍 小百科

挪威全称挪威王国，位于北欧斯堪的纳维亚半岛西北部，西濒挪威海，面积38.7万平方千米。挪威有473万人口，包括挪威人和萨米族人，国内居民多信奉基督教路德宗。官方语言为挪威语。其首都为奥斯陆。

地球文明壮观
IQIU WENMING ZHUANGGUAN

非洲

文明壮观

金字塔

金字塔
所属大洲：非洲
所属国家：埃及
始建时间：埃及古王国时期

金字塔是古埃及法老的安息之所，他们相信有来世，为了让自己的来世能够继续尘世的生活，他们便妥善安置自己的遗体，所以修建金字塔便成了法老生前最重要的事。

　　金字塔是古代埃及法老的陵墓，位于开罗西南约十千米处的吉萨。在古埃及，每个法老都希望自己死后能超度为神，因此在登基之时就开始为自己修建陵墓。陵墓用巨大的石块建成，呈方锥形，与汉字的"金"字很像，因此汉语中就将其译成"金字塔"。

　　在埃及的孟菲斯城西南的萨卡拉，大约有八十多座古代法老王的金字塔陵墓。在这些金字塔中，驰名世界的就是吉萨的三座金字塔。这三座金字塔分别是由古埃及第四王朝的法老王胡夫、哈夫拉和孟考拉建造的。

　　在萨卡拉墓地中，除马斯塔巴外，也间杂有阶梯金字塔。大约建于公元前 2650 年，第三王朝第二代法老祖塞尔的 6 层阶梯金字塔，由当时著名的建筑师伊姆胡特主持建造，这座金字塔是埃及历史上第一座大规模的石砌结构陵墓。最初，祖塞尔墓是按马斯塔巴设计建筑的，是一座方形平顶墓。但是，伊姆胡特为了体现法老的威严，将这座马斯塔巴地上建筑的四周向外扩大，又加盖了 5 层。最终，6 层的马斯塔巴形成了重叠而逐层向上缩小的阶梯式金字塔，塔高大约六十米，底基呈矩形，东西长 121 米，南北宽 109 米。整座金字塔用阿斯

旺的花岗岩建成。金字塔底部结构十分复杂，还有一口竖井，井深 25 米、宽 8 米，井底有一个墓室。

金字塔建筑的发展始于法老祖塞尔的阶梯金字塔，其继承者胡尼王在美杜姆又建造了一座 8 层的阶梯金字塔，同时他把各阶梯之间用石块填平，并且外面覆盖上优质的石灰石，形成了具有倾斜面的角锥体的金字塔，美杜姆的金字塔高约九十二米，边长 144 米，完成了由阶梯金字塔向锥形大金字塔的转变。

外形庄严、雄伟、朴素、稳重的胡夫金字塔，是吉萨大金字塔中最著名的一座，它十分和谐地与周围高地、沙漠融为一体，浑然天成。其内部结构复杂多变，风格独特，凝聚着建筑者非凡的智慧。大金字塔历经数千年的沧海桑田，风采依旧，显示了古代埃及极高的科技水平与精湛的建筑艺术，成为古埃及文明的象征。

约建于公元前 2670 年，高 146.5 米的胡夫金字塔，底面呈正方形，每边长 232 米。金字塔的角度、线条、土石压力都事先经过周密的计算，它的拐角处几乎是完美的直角，四个斜面正对东、西、南、北四方。金字塔的建成共用了 230 万块巨石，平均每块石头重达 2.5 吨，最重的一块有 50 吨重。所用的石头均经过仔细打磨，石头之间不用灰浆等黏结物，石块叠垒非常严密，缝隙刀插不进。金字塔虽然经历了多次大地震，但迄今为止它依然完好无损。

金字塔的建造过程非常艰辛。修筑金字塔的石料来自埃及的不同地方，金字塔的内部、外框以及通道和墓地所用的石料分别采自吉萨附近的沙漠、尼罗河的东岸和960千米外的阿斯旺地区。每年当尼罗河河水泛滥的时候，巨大的平底驳船载着石块从尼罗河上游漂流下来。为了把石料从尼罗河

神秘的金字塔吸引了无数的人

夕阳下的金字塔群

边运到金字塔工地上，人们就用碎石铺成一条斜坡路。沿着这条斜坡路，工人们编成一个个小组，用杠杆、滚柱和用芦苇拧成的粗大绳索，把巨大的石块拖上为修筑金字塔而建造的工作面。至今还能依稀地看到一些石块上标注的班组和监工的名称。

吉萨还有另外两座大金字塔——哈夫拉和孟考拉金字塔。比胡夫金字塔略小的哈夫拉金字塔有着庄严的艺术风格和精确的工程设计，它并不比胡夫金字塔逊色。由于哈夫拉金字塔处在一块较高的台地上，看上去仿佛比胡夫金字塔还雄伟。哈夫拉金字塔底边长 215.3 米、高 143.6 米，用石灰岩和花岗岩砌成。它所遗存的附属建筑较为完整壮观，包括用巨石建成的两座庙宇：上庙和下庙。塔畔匍匐着著名的狮身人面石雕，它是直接由一块巨大的岩石就地雕凿而成的。

孟考拉建造的金字塔位于南端，体积是三座金字塔中最小的，但十分精致。金字塔的底边长 108.7 米、高为 66.5 米，远望仍是极为壮观。

岁月在漫天黄沙中流逝，转瞬间过去了几十个世纪，这三座大金字塔依然屹立在天边的沙漠中，傲对碧空。怀着浓厚兴趣的一代又一代的科学家、学者和探险家对金字塔进行一次又一次探索。人们虽然对金字塔有了一些认识，但是仍有许多谜团等待着人们去解开。

 小百科

在吉萨的三座金字塔中，胡夫金字塔是其中最著名的一座。整座金字塔都是用巨大的石头砌成。一直以来，人们都疑惑，古埃及人是如何将那些巨大的石头镶嵌砌成金字塔的。直到现在，这仍是个谜。

文明壮观

狮身人面像

狮身人面像
所属大洲：非洲
所属国家：埃及
始建时间：公元前 2500 年前后

古老的狮身人面像屹立在金字塔旁，有人认为它是守护胡夫金字塔的，也有人认为它是为哈夫拉守护陵墓的，还有人认为它并不是为谁而存在，但无论真相如何，它仍是一座伟大建筑。

从开罗西行数千米，来到吉萨的沙漠中，世界古代七大建筑奇迹之一的金字塔便屹立眼前。在最大的胡夫金字塔东侧便是狮身人面像，它以诱人的魔力吸引了各地的游客。

狮身人面像的造型表示以狮子的力量配合人的智慧，象征着古代法老的智慧和权力。整座雕像除狮爪外，其余全用一整块巨石雕成，雕像高约二十米、长约五十七米。雕像的头部原有神蛇，下巴上原有胡须，现在这些全都不存在了，雕像的鼻子现在也没有了。

狮身人面像的修建者是谁，头像雕刻的又是谁呢？有人认为狮身人面像的建造者是胡夫法老。当时的人面像脸长 5 米，头戴"奈姆斯"皇冠，额上刻着"库伯拉"圣蛇浮雕，下颌有帝王的标志——下垂的长须。但这种说法并不能使人们完全信服，且不说胡夫是不是建造者，那斯芬克司狮身人面像的头像，真的是胡夫吗？这是个千古之谜。用自己脸庞的形象雕刻狮身人面像，用来护卫自己的陵墓，不会被人耻笑吗？那显然降低了法老的身价。这让人很难理解。

也有人认为狮身人面像的建造者应是埃及第四朝法老哈夫拉，其

头像就是依照哈夫拉的脸部雕刻的，但后来考古学家在吉萨发现了一些石碑，碑文中提到法老胡夫曾见到狮身人面像。那么依照这一文献来看，这座雕像的建造年代应该比哈夫拉早。现在有关狮身人面像唯一能确定的就是它应是修建于公元前 2500 年前后，至于建造者和头像，人们还在研究中。

现在，古埃及的狮身人面像一般被人们认为是用来守卫法老陵墓的，但是有人却不这样认为。这个人就是美国的大预言家埃德加·凯西，他从 1933 年开始一次次地否定狮身人面像是古埃及人建造的这一说法。那金字塔的修建到底是为什么呢？

于是人们又继续寻找，在古代的一篇铭文里（铭文就是刻在石头上，或墙上浮雕当中出现的古埃及的文字）记述道：地上的荷鲁斯神在夏至前的 70 天，由弯弯曲曲的河的东岸或者说另一面开始行走，那么 70 天之后，他与地面上的另外一个神祇结合，正好出现在太阳升起的那一刻。于是人们就开始分析这段铭文，开始寻找它的真正含义。荷鲁斯神从这一岸到那一岸究竟是什么意思呢？有人也按照铭文内容去试验，在夏至前的 70 天开始走，却一直没有找到让他们能很好地理解这个问题的答案。于是人们苦恼着，在思索着是不是对它的理解是错误的。后来出现了一个聪明人，他认为从地平线上弯弯曲曲的河走过来，其实弯弯曲曲的河指的并不是地上的河，也不是人们所

认为的尼罗河，而应该是弯弯曲曲的银河。后来就有人真的在夏至前的 70 天站到吉萨去观测银河的东部，在那里发现了一颗闪亮的星星，太阳就出现在这颗星星的旁边。于是人们又开始观察太阳和这颗星星，观察的结果是，70 天后，它们真的落到地平线上。而这颗星星确实是移过了天上弯弯曲曲的银河，来到了这一边。有人认为这颗星星也许就是铭文所说的荷鲁斯神。而在地平线的那一点上，70 天之后真的出现了一个狮子星座，荷鲁斯神和狮子星座合二为一。于是人们推测古埃及的铭文中所提到的就是这一内容。而狮身人面像的修建与法老的陵墓应该没有关系。但这也只是猜测，真相到底是怎样的，还有待科学家去进一步研究。

狮身人面像经历了几十个世纪的风吹雨打，现在已经是千疮百孔，尤其是雕像的颈部和胸部被腐蚀得最为厉害。在 1981 年还有一次"重伤"，雕像的左后腿突然塌方，出现了一个长 3 米、宽 2 米的大窟窿，而在 1988 年 2 月，雕像的右肩上又掉下来两块巨石。现在人们不禁为狮身人面像担忧，不知道它还能屹立多久，人们也正在进行各种努力，希望它能够永远屹立不倒。

庞大的狮身人面像沉默地屹立了几千年，它历尽沧桑的面容里似乎已有了憔悴的神色。在它的身上有那么多的谜题，让人们困惑不已，也许有一天，人们会了解到有关它的一切。

🔍 小百科

法老是埃及国王的称呼，本意为"大宫殿"。这一称呼始用于新王国时代。埃及人因讳言国王名，故有此尊称，犹如我国古代称皇帝为"陛下"。法老自称是"太阳神之子"，对臣民拥有至高无上的权力。

文明壮观

卡纳克神庙

卡纳克神庙
所属大洲：非洲
所属国家：埃及
始建时间：古埃及中王国时期

历尽几千年风雨的卡纳克神庙见证了古埃及中王朝和新王朝曾经的辉煌。有时候历史就是通过这些神庙建筑被记载下来，渐渐成为永恒的。

卡纳克神庙也被称为卡纳克—阿蒙神庙。它位于尼罗河东岸的卢克索镇北 4 千米处。卡纳克神庙共分三部分：供奉太阳神阿蒙的阿蒙神庙；供奉阿蒙的妻子——战争女神穆伊亚的神庙；第三部分是孟修神庙。神庙两旁建造了许多狮身羊面像，雕像中间是一条直通卢克索神庙的甬道。

新王国时期底比斯城的中心是巨大的卡纳克神庙。卡纳克神庙是底比斯最为古老的庙宇，由砖墙隔成三部分。其中阿蒙神庙保存得最完好，也是面积最大的一部分。孟修神庙和穆伊亚女神庙都远远小于阿蒙神庙。古埃及最初所崇拜的并不是阿蒙神，直到中王国和新王国时期，王朝的统治者以底比斯为都城后，底比斯的地方神阿蒙神才成为埃及最重要的神，并成为王权的保护者。

卡纳克神庙以其浩大的规模而扬名世界，它是地球上最大的用柱子支撑的神庙。卡纳克神庙最初建于古埃及中王国时期。据说当年建造神庙时，将工匠、祭司、卫士、农民全包括在内，共有 81 322 人为这座神庙付出了艰辛的劳动。法老们远征的战利品和劫掠的钱财为神殿的建造提供了极为丰富的资金来源。卡纳克神庙集聚了历代法老的

心血，其中阿蒙霍特普三世建造了中央的 12 根大柱，用以支撑众多的柱楣。拉美西斯一世开始对大殿进行装饰，一直延续到塞提一世和拉美西斯二世时代。卡纳克神庙从三千多年前的十七王朝开始修建，经十八王朝、十九王朝和二十王朝不断增修扩建，历时一千三百多年。

卡纳克神庙景观

　　卡纳克神庙的规模宏大、壮观，豪华奢侈冠绝当时。神庙有 10 座门楼，各座门楼又有相应的柱厅或庭院。全庙平面略呈梯形，主殿按东西轴向建造，先后重叠建有 6 座门楼，再从中心向南分支，分列 4 座门楼。其中石柱大厅最为著名，大厅是十九王朝的拉美西斯一世、塞提一世和拉美西斯二世三代法老倾力修建的。柱厅中共有 134 根圆柱，中间阿蒙霍特普三世建造的 12 根最大，每根高达 20 米以上，据说柱顶能站立百人。在门楼和柱厅圆柱上装饰着丰富的浮雕和彩画，这些浮雕和彩画的内容有的是表现宗教题材的，有的是歌颂国王业绩的，还附有铭文。这些内容都是重要的历史研究资料。

　　现在，神庙的建筑布局大概是这样的：一条由羊头斯芬克司雕像拱立的甬道一直伸入神庙，它们代表阿蒙神，每一尊雕像的两条前腿间都有一尊拉美西斯二世的小雕像。第一道门大约建于神庙建成的 600 年后，门高 43 米，是卡纳克最大的一座门。穿过第二道门进入多柱厅，也就是石柱大厅。厅内的柱林是世界上最壮观的景观之一。在第三道和第四道门之间的庭院内，立着一座图特摩斯一世的方尖石碑，据说这里的石碑原来为一对，而另外一个现在已经不知去向。第四道和第五道门之间是

连接两庙的公羊甬道

图特摩斯一世之女哈特舍普苏所立的两座方尖碑。几个世纪以后方尖碑既未被风化，也没有遭到损坏，在顶端处还可以看到高墙遮挡而形成的印记。而哈特舍普苏女王也因这些方尖碑被人们所了解。一旁的两座粉色花岗岩石柱上，一侧刻着百合花，一侧刻着纸莎草花，这些是传统的上下埃及的标志。

阿蒙神庙南面是长120米的圣湖，圣湖湖水清澈，水中可以看到神殿的倒影。阿蒙神在每年的奥佩特节乘坐圣船来此参加庆典。半截方尖石碑旁边是阿蒙霍特普三世献给初生朝阳的巨大的蜣螂雕像。

卡纳克神庙里蕴藏着众多的古埃及历史，那里不仅仅留下了每一代法老对神的崇拜，也留下了有关每个法老的历史，因此卡纳克神庙也成为古埃及中王国和新王国历史、文化的重要考古遗迹。站在卡纳克神庙前，人们似乎又回到了那遥远而又辉煌的年代，所有已经沧桑模糊的故事，都一一再现于人们眼前。

 小百科

卡纳克神庙也被称为阿蒙神庙，是古埃及法老献给阿蒙神的建筑群。后来阿蒙神庙僧侣的势力越来越大，已对王权构成了威胁，因此法老和僧侣经常起冲突，法老阿蒙霍特普四世曾推行宗教改革，试图解决僧侣力量的威胁。

文明壮观

帝王谷

帝王谷
所属大洲：非洲
所属国家：埃及
始建时间：公元前 16 世纪中期

"**谁**打扰了法老的安眠，'死神之翼'将降临到他的头上。"这恐怖的咒语，就刻在帝王谷中图坦卡蒙的陵寝中，但咒语也未能挡住贪婪者的脚步，帝王谷很快被洗劫一空。

帝王谷位于尼罗河西岸，距岸边 7 千米，这里埋葬着古埃及第十七王朝到第二十王朝的 62 位法老。在埃及，除了蜚声世界的金字塔外，最令人向往的地方就是帝王谷。

帝王谷坐落于离底比斯遗址不远处的一片荒无人烟的石灰岩峡谷中。在那断崖底下，就是古代埃及新王国时期（公元前 1567 年—前 1085 年）安葬法老的地点。几个世纪以来，法老们就将墓室开凿在尼罗河西岸的这些峭壁上，这些墓室就是用来安放他们尊贵遗体的地方。同时这里还建有许多巨大的柱廊和神庙。这里曾经是一处雄伟壮观的墓葬，大约六十多座帝王的陵墓都位于此处，埋葬着图特摩斯一世和图特摩斯三世、阿蒙霍特普二世、塞提一世、拉美西斯二世等古埃及法老。

在帝王谷中，1922 年发掘出图坦卡蒙法老墓，他的墓中藏宝最为丰富。现在图坦卡蒙法老的木乃伊仍然安置在墓室之中，在墓室正面的墙上，还绘有以奥塞里斯神形象出现的图坦卡蒙法老，上面还有他的继位者阿伊王。

图坦卡蒙的黄金面具

图坦卡蒙的棺椁共有 7 层，外面是 4 层木质棺椁，里面 3 层分别为石棺、硬木人形棺和黄金人形棺。最内层的黄金人形棺竟然是用整块的纯金片打制而成的，长 1.8 米、宽 0.5 米、重 134.3 千克，上面还用蓝宝石、琉璃等进行了装饰。棺内是图坦卡蒙法老的木乃伊，木乃伊的面部佩戴着黄金面具。这个面具高 0.54 米、宽约 0.4 米，色彩绚丽，称得上是稀世之宝。

在图坦卡蒙陵墓中，有很多法老的咒语，如那句著名的"谁打扰了法老的安眠，'死神之翼'将降临到他的头上"。现代人从没将其当真，只是将其看作用来吓唬盗墓者的诅咒。可是事有凑巧，截至 1930 年底，先后有 22 位与图坦卡蒙的陵墓直接或间接扯上关系的人都死于非命，其中有 13 人直接参与过陵墓的挖掘。据说这是"法老的诅咒"起了作用，一时令世人恐慌不已。

目前帝王谷中最后被发现的一座法老墓是图特摩斯三世的陵墓，这座陵墓也是唯一一座未遭破坏的法老墓，墓内的线条构图十分漂亮，墓中的陪葬品也非常奢侈，现在这些物品都进入了博物馆中。

为了防止盗墓，图特摩斯一世把岩洞陵墓修建在了帝王谷，然而他万万没有想到，历史却将帝王谷变成了盗墓者的天堂。

那些法老们在死后得到极尽奢华的安置，在那些盗墓者眼里，诱惑实在太大了，那里每一座墓室的财富数量都远远超过了贪婪者的梦想。在帝王谷中，为了便于集中守护，法老们选定的墓穴位置都彼此靠近，不像过去那样分散，然而这恰恰给盗墓者提供了方便。不知从何时开始，一批批的盗墓者来到帝王谷周围，他们用尽各种方法，进行疯狂的盗墓活动。图特摩斯一世的遗体在那里安眠了多久不得而知，但他的后辈图特摩斯四世下葬不到 10 年，陵墓就被盗墓者洗劫一空，最让人无法容忍的是，在墓室的墙上，盗墓者还留下了得意的留言。在 500 年间，帝王谷中的每一座墓室都无一例外地遭到了洗

劫。后来法老们只好一次又一次地将他们的先祖改葬。据说拉美西斯三世的遗体前后改葬了三次，阿赫密斯、阿门诺菲斯三世、图特摩斯二世以及拉美西斯大帝的遗体也都曾被改葬到别处。到最后，由于无论如何也找不到合适的地方，法老只好将几具甚

帝王谷遗迹

至十几具法老木乃伊堆放在同一个地方。曾经有一位开罗博物馆的工作人员仅在一个秘密洞穴中就发现了四十多具法老木乃伊。

朝代更迭，时光流转，3 000 年转瞬即逝，在这段时间里，一批又一批的盗墓者翻遍了这片山谷，帝王谷最终被彻底废弃，成了一片破败不堪的荒漠。可以想象，这里的陵墓遭到了怎样的浩劫——这个被四周的山脉所包围的荒凉峡谷，充满了死亡的阴影。曾经布置奢华的洞穴已被洗劫一空，许多洞穴的入口敞开着，成为野狐、蝙蝠等动物的巢穴。然而，尽管帝王谷已经破败不堪，但还是有一些贪婪者在每一个已遭破坏的洞穴里寻觅着、搜寻着。

那些权势威重一时、享受无比奢华的法老们本想选择隐蔽的帝王谷作为自己的安息之所，可他们却未曾料到，就是那些让自己继续享受的奢华陪葬品，引来了贪婪者的目光，扰乱了自己的安息，无法再得到永恒的安眠。看来，钱财之累总是令人始料不及。

小百科

据说图特摩斯一世的陵墓是古埃及著名的建筑师依南尼主持建造的，在依南尼的殡葬礼堂墙壁上有这样一段文字："国王陛下的岩洞陵寝是我一个人监修的，谁都没有听说过。"很显然，当初参与修建陵墓的工人都被灭了口。

文明壮观

底比斯古城

底比斯古城

所属大洲：非洲

所属国家：埃及

始建时间：古埃及中王朝时期

曾经有"百门之都"称誉的底比斯古城今天却成为一片废墟，虽已经过后人的修复，但曾经的繁华和辉煌却早已不再，只能令人徒增叹息罢了。

坐落在尼罗河岸边的底比斯古城位于埃及南部开罗以南 670 千米处，它曾是古埃及中王朝和新王朝时期（公元前 2133 年—前 1085 年）的首都。在第十八、十九王朝的新王国繁荣时期，也就是约公元前 1500 年，底比斯古城是整个世界的中枢，是权力的中心、艺术和商业的繁荣之处。公元前 663 年，亚述（今伊拉克两河流域）人入侵埃及，底比斯城遭到损毁。后又经希腊人、罗马人的蹂躏，再加上盗贼的攫取，这里的珍贵文物被抢掠一空，只剩下一些空荡荡的建筑物留在地面上。

整座底比斯古城面积约有十五平方千米，尼罗河穿城而过，东岸有卡纳克和卢克索两座神庙，西岸为王室陵墓的所在之处，其中最著名的是帝王谷和王后谷。

尼罗河东岸的底比斯城中最吸引人的是卡纳克神庙和卢克索神庙。位于卢克索市北约四千米处的卡纳克神庙是底比斯城遗址上规模最大、保存最完整的建筑群，同时也是世界上现存最大的神庙。卡纳克神庙始建于公元前 19 世纪的古埃及第十三王朝，前后营建了五百多年才最终完成。神庙占地 33.57 万平方米，由三座大殿组成，一条三百多米长的甬道直通庙门，甬道两侧整齐地排列着九十多尊狮身羊

头石像，因此，这条甬道就得名"公羊之路"，又称"斯芬克司道"。

　　建于公元前 14 世纪的卢克索神庙位于卡纳克神庙以南 1 000 米处。由于流沙将其掩埋，神庙才能够完好地保存下来。直到一百多年前，它才得以重见天日。卢克索神庙是法老为阿蒙太阳神的妻子穆伊亚建立的神庙，规模自然要比卡纳克神庙小一些。它由一个宽敞的庭院和一个大厅与侧厅组成。大厅东面的降生室实际上是一个小型礼拜堂，四周石壁上的浮雕描绘着穆伊亚和阿蒙太阳神结婚以及王子降生时的情景。庭院四周三面建有双排精致的石柱，柱顶呈伞形花序状，十分美观。

　　在历史上颇有名望的古埃及第十九王朝的第三位国王拉美西斯二世，好大喜功，在位时大兴土木，他不惜花费大量财力整修卢克索神庙，并增建了庭院和大门。拉美西斯二世还在庙门口给自己竖立起 6 尊塑像，现在还留存 3 尊。庙内原有两座一模一样的方尖碑，其中一座现在立在法国巴黎的协和广场上。法国人把这座来自底比斯古城的方尖碑视为至宝，放置到一个很高的基座上，基座和方尖碑碑体的图案、文字全部用黄金装饰，闪闪发光。

　　哈特舍普苏庙是尼罗河西岸的底比斯城中唯一的一座神庙，它是古埃及历史上唯一的女王哈特舍普苏建造的。神庙中有女王的雕像，而女王的装扮非常奇特，她身着男人服装，戴着假胡须。这体现出古埃及也不愿意接受女人当国王，因此女王极力将自己男性化。

　　河西的底比斯城最有名的地方就是帝王谷。它是一条位于悬崖峭壁中的偏僻山谷，古埃及新王国时期的法老们将这里作为他们死后的

家园。与此同时，他们在山谷的南边又给王后、王妃和公主们准备好了墓穴，后人称为王后谷。法老们把陵墓建得远离神庙，是接受了前人的教训，以前的法老都给自己造金字塔，虽然里面机关重重，但毕竟是矗立在明处，最终逃脱不掉被盗的厄运，且不说随葬的

卡纳克神庙古迹

珠宝被洗劫一空，尸骨也被人胡扔乱抛。因此，他们选择这个人烟稀少的地方作为墓地，并且将墓地建在地下，以图死后安息，虽然这样有些委屈自己，但却大大增加了安全系数。即使这样，他们还是不放心，陵墓建成后，随即将建陵工匠悉数处死，然后用卵石堵住洞口，不留丝毫痕迹，又立了许多假墓以乱人耳目。

虽然法老们煞费苦心，但他们死后还是无法安息。盗墓者和冒险家并不关心已经变成木乃伊的法老，他们关心的是那些陪葬的财宝。因此，他们挖空心思，将这些墓穴逐一掘开，寻找那些做梦都想要拿到的财宝。到了18世纪，帝王谷就已变成了凄凉破败的荒漠。

底比斯这座充满神秘色彩的古城，见证了古埃及由盛到衰的沧桑历史。几千年的光阴，不过是白驹过隙，当一切归于沉寂，唯有底比斯古城依然立在那里，成为时光的缩影。

 小百科

在底比斯城中，哈特舍普苏庙是唯一的女王神庙。哈特舍普苏是古埃及第十八王朝的女王，她起初是摄政，后来废了图特摩斯三世，自己登上王位，为显示自己是顺应天命，她还虚构了阿蒙神使其母亲怀孕而生她的神话。

文明壮观
苏伊士运河

苏伊士运河
所属大洲：非洲
所属国家：埃及
始建时间：1859 年

曾经欧洲与亚洲之间的水路交通，要绕到非洲南端的好望角，不但费时费力，而且还有许多的风险。苏伊士运河开通后，为水上航运提供了很大的方便，促进了各国经济贸易的往来。

苏伊士运河位于埃及东北部，纵穿狭窄的苏伊士地峡，北起塞得港，南到陶菲克港，苏伊士运河全长一百七十多千米，河面平均宽度为 135 米，平均深度为 13 米。苏伊士运河于 1859 年破土动工，1869 年修成。运河开通后，就成为交通要道，被称为世界海上航道最重要的"十字路口"之一，具有极其重要的经济、政治、军事战略价值。

苏伊士运河是沟通欧、亚、非三洲的交通要道。它南北连通了红海和地中海，使大西洋经地中海和苏伊士运河与印度洋和太平洋连接起来，大大缩短了东西方航程。

这条运河允许欧洲与亚洲之间的南北双向水运，而不必绕过非洲南端的风暴角，即好望角，大大缩短了航程。从英国的伦敦港或法国的马赛港到印度的孟买港做一次航行，经苏伊士运河比绕好望角可分别缩短全航程的 43% 和 56%。在苏伊士运河开通之前，人们也曾想过一些方法使货物能够由地中海到达红海，只是无论哪种方法，都大费周折。

苏伊士运河地处欧、亚、非三洲交接地带，战略地位非常重要。

如今，苏伊士运河上过往的船只数和货运量在国际运河中名列前茅。苏伊士运河也具有很高的经济价值，然而凝聚了埃及人民血汗的运河曾一度被英法的运河公司所控制。苏伊士运河公司每年攫取巨额利润，成为埃及的"国中之国"。1952年埃及七月革命胜利后，埃及人民掀起反对英军占领运河区，要求收回运河主权的斗争。1954年10月，英国被迫同意于1956年6月13日前将占领军撤出运河区。埃及人民经过顽强的斗争，终于将苏伊士运河的主权收了回来。

运河北起地中海东南岸的塞得港，港口位于地中海与曼宰莱湖间狭长的人造陆地上，成为运河最重要的北大门。由塞得港起航南行，首先到达的是曼宰莱湖，曼宰莱湖的湖水并不深，所以大的船只要沿着人工疏浚的航道通行。过了曼宰莱湖，再经过巴拉运河后，就会到达苏伊士运河的中段城市坎塔拉。过了坎塔拉再向南行，就会抵达运河的中点，这里有提姆萨赫湖，此湖正好处在中点线上。提姆萨赫湖的湖水也并不深，所以也有一条人工开凿的航道，航道长约十六千米。湖西岸是运河的行政中心和指挥中心伊斯梅利亚，该城市因运河原因，经济逐渐繁荣，人口增多。而且伊斯梅利亚城还是联系尼罗河流域和苏伊士运河的水路中转站。这是因为来自尼罗河的伊斯梅利亚运河也是通过该城自西向东汇到苏伊士运河的。过了伊斯梅利亚，苏伊士运河再经过大苦湖和小苦湖后，运河便沿直线前行直达苏伊士湾，一直抵达运河最南端的陶菲克港。苏伊士运河在开凿过程中，巧妙地将低平的地和湖泊加以利用，而且地中海与红海的水位差也很微小，因此苏伊士运河上并未设置船闸，这使它成为世界上最长的无船

闸运河。

20 世纪 70 年代末，埃及政府开始计划扩建苏伊士运河，到 1980 年 12 月苏伊士运河完成第一期扩建工程后，运河全长 195 千米、宽 365 米、深 16.16 米、复线 68 千米，可以通航满载 15 万吨、空载 37

通航要道——苏伊士运河

万吨的油轮，成为世界上沟通海洋的重要运河之一。

一百多年前，苏伊士运河被马克思称为"东方伟大的航道"。苏伊士运河的建成使亚洲各港口到欧洲的航程缩短了 8000 千米以上。而且通过运河的航线大多途经内海，远比以风险闻名的好望角航线安全得多。

运河于 1981 年 10 月 1 日正式启用的电子控制系统使运河的通航能力提高了近 1 倍，同时也提高了航运的安全性，这标志着运河管理进入了现代化的新时期。运河可以日夜通航，现在每天通过运河的船只可达 100 艘以上。尤其值得一提的是，苏伊士运河与其他水域相比，事故的发生率几乎为零，这使它成为安全系数较高的航线之一。

苏伊士运河是埃及劳动人民勤劳的产物和智慧的结晶，埃及人民以自己的双手成就了无数的奇迹，而苏伊士运河则是所有奇迹中最造福于民的一项重要工程。今天，每一个在苏伊士运河上乘坐船只观赏运河两岸风光的人，都会惊叹人类创造力的伟大。

小百科

苏伊士运河的主权曾一度被英国控制，由于苏伊士运河是重要的国际航道，与每个国家都有利益关系，因此英国控制运河权遭到其他大国的反对。到 1956 年，埃及宣布运河权收归国有，1957 年埃及胜利收回运河权。

文明壮观
亚历山大灯塔

亚历山大灯塔
所属大洲：非洲
所属国家：埃及
始建时间：公元前 280 年

闻名世界的古代七大奇迹在埃及就有两个，除了位列七大奇迹之首的吉萨金字塔外，还有亚历山大灯塔，它名列第七位。这座大灯塔纯粹为人民实际生活而建，不带有任何宗教色彩。

亚历山大灯塔位于埃及亚历山大城边的法鲁斯岛上。亚历山大灯塔高 122 米，加上塔基，整个高度约一百三五米。塔楼分为三层。第一层是方形结构，高 60 米，里面有三百多间不同样式的房间，用作燃料库、机房和工作人员的寝室等；第二层是八角形结构，高 15 米；第三层是圆形结构，上面用 8 根 8 米高的石柱围绕在圆顶灯楼周围。灯楼上面，矗立着 8 米高的太阳神赫里阿斯的青铜雕像。整座灯塔的建筑材料都是花岗石和铜，而灯却是人们用木材和橄榄油制成的。整个灯塔的面积约九百三十平方米。聪明的设计师还运用反光原理，用镜子把灯光反射到更远的海面上。这座奇特的灯塔，夜夜灯火通明，兢兢业业地为入港船只导航，给舵手带来安全感。

亚历山大灯塔的建造源于一次令人悲哀的沉船事件。公元前 280 年秋天的一个晚上，月黑风高，一艘来自埃及的皇家油轮，在驶入亚历山大港时，触礁沉没了，油轮上所有的皇亲国戚和刚从欧洲迎娶来的新娘，全部葬身于海中。这一消息，令埃及朝野上下震惊不已。埃及国王托勒密二世下令在亚历山大港最大港口的入口处修建导航灯

塔。40 年后，在距法鲁斯岛东端 7 米处的礁石上，一座被人们称为"亚历山大法鲁斯灯塔"的雄伟建筑拔地而起。

希腊建筑师索斯查图斯主持设计了亚历山大灯塔，灯塔高度之高，使它成为当时世界上最高的建筑物。一千多年过去了，亚历山大灯塔一直默默地在暗夜中为水手们指引进港的路线。在一位阿拉伯旅行家的笔记中曾有过一段这样的记载："灯塔建筑在三层台阶之上，在它的顶端，白天用一面镜子反射日光，晚上用火光引导船只。"可见灯塔在当时的重要性。

公元 7 世纪，部分灯体被埃及国王拆毁，公元 9 世纪下半叶，曾对其进行过修复。12 世纪初，此地曾发生了严重的地震，使得该建筑八面体部分被毁，只剩下底层部分。1326 年，灯塔全部被大地震所毁。这座亚历山大城的忠诚卫士，这顶亚历山大城的王冠，就这样从人们的视线中消失了。15 世纪，埃及国王玛姆路克苏丹为了抵抗外来侵略，保卫埃及及其海岸线，下令在灯塔原址上修建一座城堡，并以他本人的名字命名。埃及独立之后，城堡改成了航海博物馆。

博物馆大厅两侧的大玻璃展览窗内分别陈列着一个古船模型。左侧的是已有三四千年历史的尼罗河船，它的外形像中国的龙舟，船身狭长，共有十多只船桨，头尾分别刻有荷花和纸莎草浮雕图案；右侧为公元 6 世纪—7 世纪的帆船，船上的风帆可以灵活转向，这两个船模充分证明了埃及人民很早就掌握了航运技术。大厅的中央悬挂着一幅油画，画面描绘着埃及共和国创始人纳赛尔总统检阅海军的盛大场面。

博物馆一楼所有展品中最引人注目的是一只表现埃及海船围绕非洲远航的沙盘。二楼展品介绍的是埃及从"希腊时期"（公元前 3 世纪）到当代海军的航海历史。法鲁斯古灯塔的复原模型就位于该层。二楼还陈列着许多大幅历史画。人们不仅可以看到 19 世纪时开凿运河的场景，而且

亚历山大灯塔复原面貌

还能看到20世纪50年代埃及人民为争取运河国有化所走过的艰难历程。展厅中有一组反映1956年12月塞得港巷战的雕塑。1956年7月26日，纳赛尔总统宣告收复苏伊士运河的主权，英法殖民主义者不愿退出历史舞台，不顾一切地发动战争，妄图侵占塞得港。人们从雕塑上可清晰地看到当时交战的混乱场面：海面上敌舰密布，空中伞兵纷纷降落，狂轰滥炸使塞得港变成了废墟，但埃及人民却很坚强，他们在残垣断壁中同英法侵略军展开了最后的决战。

近代部分的最后一组展品，是表现埃及人民保卫运河主权的胜利画面。在一幅描绘英法入侵者狼狈撤退的油画的侧面，陈列着当年战争中的海军英雄画像、立功战舰的模型以及战利品。

🔍 小百科

亚历山大是埃及第二大城市，位于地中海南岸的尼罗河三角洲西侧，东南距首都开罗206千米。该市人口约二百九十二万。亚历山大地处地中海海滨，气候宜人，是著名的海滨旅游胜地。也是埃及重要的文化中心。

后人仿建的亚历山大灯塔

文明壮观

拉利贝拉

拉利贝拉
所属大洲：非洲
所属国家：埃塞俄比亚
始建时间：12 世纪后期

埃塞俄比亚的岩石教堂举世闻名，但最有名的当数其首都亚的斯亚贝巴以北三百多千米的拉利贝拉。中世纪时，拉利贝拉的岩石教堂被基督教徒称为"新耶路撒冷"，有"非洲奇迹"之称。

始建于 12 世纪后期拉利贝拉国王统治时期的拉利贝拉岩石教堂，是 12 世纪—13 世纪基督教文明在埃塞俄比亚地区繁荣发展的非凡产物。

中世纪时期，在拉利贝拉共建有 11 座大小不一的教堂，这些岩石教堂坐落在巨大深坑中，几乎没有高出地平面。教堂如同一座庞大的雕塑，与埃洛拉的庙宇一样在坚硬的岩石中精雕细琢而成。它们外观造型别出心裁，内部装修风格独特。有的用半块石头开凿而成，有的开凿在地下，以雕刻在岩石上的立面作为向信徒指示的标记。每个教堂群都是由围墙围绕的有机整体，游客在里面可沿着小径和隧道网四处漫游。

独石教堂矗立在 7 米～12 米深的井状通道的中央，是在岩石上直接雕刻而成的。雕刻从穹顶、天花板、拱门和上层窗户开始。为了能使夏季时拉利贝拉的雨水顺畅排出，教堂各处的水平面都略有倾斜。建筑物的突出部分，如屋顶、檐沟、飞檐、过梁和窗台的突出程度，则由雨水的主要方向而定。

开凿工程显然是分阶段进行的，这样，建筑师、工人和手工艺人

可平视工作，不用竖脚手架。一些人负责开凿独石，将它与周围岩石分离，另外一些人则负责制作成形。碎石是通过开口（如窗户和门）搬运的，所使用的都是镐和杠杆等简单工具，用小斧和凿子进行细部加工。

耶稣基督教堂是拉利贝拉教堂中最引人注目的，它长 33 米、宽 23 米、高 11 米，还有由 34 根方柱支撑的精雕细琢的飞檐。拉利贝拉教堂是埃塞俄比亚唯一一个有五个中殿的教堂。

根据基督教的惯例，有三个分别面向东、北和南的门通向教堂内部。这是按照长方形廊柱大厅式基督教堂修建的。呈东西向，隔成 8 间，28 根支撑半圆形拱顶的支柱成行排列在里面。

耶稣基督教堂旁边的圣玛丽亚教堂的面积要比其小些，高度为 9 米。墙上的窗户是阿克苏姆风格的，里面有三个中殿，其独特之处在于它们从上到下都覆盖着各种图案的装饰性绘画及以耶稣和玛丽亚生活场景为主题的壁画，但大多已损坏。一些专家认为这些绘画及壁画可追溯到 1434 年—1465 年，也就是扎拉·雅各布国王统治时期。而正门上的那幅两个骑手杀死一条龙的浅浮雕，是埃塞俄比亚圣所中少见的珍贵雕塑。

圣迈克尔、各各他教堂和三位一体教堂组成了一个教堂群，其中最大的教堂当数圣迈克尔教堂，它被用十字形支柱和谐地分成三个中殿，各各他教堂在两个中殿的墙壁上雕刻着 7 个真人大小的牧师系列像，在它的壁龛中还有一个基督墓。

供奉圣子、圣父、圣灵的小教堂必须经过各各他教堂才能到达。该教堂外观奇特，呈不规则四边形，内设三个独石圣坛。圣坛围成一个半圆，并饰以十字架，中央还有一个洞。在教堂地下室的后面，一个空壁龛的两端，站着两位双手合十、在那里默默祈祷的神秘人物，壁龛的顶部有一个圆圈环绕着的十字架，这也许就代表了三位一体。

墨丘利教堂和天使长加百列与拉斐尔教堂是地下教堂，起初它们可能都是一些王室住宅，后来被圣化。离两教堂不远的利巴诺斯教堂，兼具独石教堂和地下教堂的特点。它的四边被一个环绕四周、内部挖空的高高的长廊与山隔开，而它的顶端却与高处的岩石块紧密地联结在一起。埃马努埃尔教堂是一个有三个中殿的长方形教堂，内有柱式的石雕，墙壁上画有线条分明的几何图案。

圣乔汉教堂是拉利贝拉唯一被凿成十字架的教堂。它位于一个接

近于方形的竖井状通道的底部，如同放在地上的一个巨大的十字架，与其他教堂相隔甚远。它的地基很高，但里面却无任何装饰，因为这些东西会转移人们对其和谐而简单的线条的注意力。天花板上的十字架形的每个臂都与一个半圆拱相交，而这些半圆拱却是在矗立于中央空间的四个角的壁柱上雕刻出来的。这个建筑高层窗户的尖拱上带有花饰，和各各他教堂的风格极为相似，低层窗户则属阿克苏姆风格。

由于年代久远，以及受气候和人为等因素影响，这些教堂都有不同程度的损坏。巨石高度和气温的变化，使教堂出现了大小不一的裂缝。从 20 世纪上半叶起，人们开始对这些建筑进行修复，现有不少教堂已恢复原貌。

 小百科

埃塞俄比亚的全称是埃塞俄比亚联邦民主共和国。它位于非洲东部，东与索马里和吉布提相接，南与肯尼亚、西与苏丹、北与厄立特里亚相连。国民多信奉伊斯兰教和东正教。阿姆哈拉语等为主要民族语，通用英语。

文明壮观

迦太基

迦太基
所属大洲：非洲
所属国家：突尼斯
始建时间：约公元前 9 世纪

坐落在非洲北海岸的迦太基与罗马隔海相望，是到突尼斯旅游的必游之地。迦太基位于突尼斯城东北 17 千米处，濒临地中海，是迦太基的首都。

现在人们所见到的迦太基残存的遗迹大多是罗马人占领时期重新修建的。从仅存的剧场、公共浴室和渡槽等遗迹中可以看出当时工程之浩大，设计之精良。在迦太基古迹附近还建有一座现代化博物馆。博物馆中陈列着大量珍贵的历史文物，有极高的研究价值。1978 年，联合国教科文组织将迦太基遗址列入第一批《世界遗产名录》中。突尼斯政府在这个遗址上建立了国家考古公园。

从仅存的资料来看，迦太基建城的确切时间已无从考证。但大多数人都认为，大约在公元前 9 世纪，由腓尼基人组成的一个叫推罗的城邦的移民横渡地中海建立了迦太基，后来这里成为贩卖奴隶及海上贸易的中转站。

公元前 9 世纪末，腓尼基人在迦太基建立殖民城邦。迦太基大约在公元前 8 世纪—前 6 世纪开始向非洲内陆扩展，从此控制了北非的大部分腓尼基人的殖民地。与此同时，迦太基人还向西地中海进发，并占领了西班牙南部海岸及其附近岛屿、撒丁岛、科西嘉岛及西西里岛西部等地，称霸西地中海，并与希腊分别控制着地中海的西、东两边，发展成为强大的奴隶制国家。首都是迦太基城（现在的突尼斯城）。公元前 3 世纪 70 年代，罗马作为迦太基的强大竞争对手而出现，并爆发了历史上著名的"布匿战争"，最后迦太基灭亡。公元 147 年，迦太基城被罗马军夷为废墟。

突尼斯的迦太基故事，以无人从战火中逃离为结局。于是迦太基人成了一个被战火吞噬的历史名词，这一族群完全灭绝了。

突尼斯北方的迦太基遗址空旷得近乎荒凉，可午后的阳光打在废墟残骸的墙垣上，就像是金色年华，灿烂无比。其实，人们脚下的已不是迦太基文明的残留，而是当年大败迦太基的罗马文明胜利的遗迹，迦太基文明早已被罗马文明深埋在地底。

关于迦太基文明，还有一段悠久的故事。

相传公元前9世纪，腓尼基公主艾丽莎为了逃避其兄长的追杀，带着金银财宝和随从来到此地。艾丽莎机智地用一块牛皮向当地人换了一块地，在这块地上，建立了狄多王朝。这个王朝迅速崛起，成为富足的通商国，它足以和希腊、罗马等国相媲美，成为地中海富庶、活跃的国家，这就是迦太基的前身。与此同时，该国也引起了各国的觊觎，还和罗马人大动干戈。

迦太基的名将汉尼拔是个天不怕地不怕的人物，他曾创造了历史上无人可敌的辉煌战绩。他带领手下人突袭罗马，打败西班牙，还翻越阿尔卑斯山，三败罗马军团，但他一个人却无法阻止迦太基人后来的悲剧。

公元前149年。罗马人趁汉尼拔率军攻打罗马后门时，突袭无人守卫的迦太基，令此处一个活口也未留下。自此，迦太基成了罗马帝国的一省。

在迦太基遗址中，有古代腓尼基人建造的两个港口，它挖掘的渠道与地中海相连，以水位的高低来控制船只进出，这里最多可停泊船只两百余艘。这两个港口遗址分别为军港和商港，商港较小，位于圆形军港的南边。这两个港口虽然小了些，但是毕竟说明了腓尼基人很早就擅长航海经商的事实。

安东尼浴场修建于罗马皇帝安东尼时期。现如今，地面建筑只剩下柱石残墙。但从底层结构依稀可以看出更衣室、热水游泳池、按摩室、蒸浴室和健身室的遗迹。供浴室用的水是通过渡槽从60千米外引进来的。渡槽全部都是由石头筑成的，可惜的是现在渡槽已为数不多，而能储存3万立方米的储水池至今仍能使用。

迦太基是古代统治地中海地区的普尼尔文明的见证，因此，它又被称为"国家考古公园"。

 小百科

突尼斯共和国位于非洲北端，隔突尼斯海峡与意大利相望。其国土面积164 150平方千米，海岸线长1 200千米。突尼斯人口991万（2007年），主要是阿拉伯人，另有少数柏柏尔人。以伊斯兰教为国教，阿拉伯语为官方语言。

文明壮观
大津巴布韦遗址

大津巴布韦遗址
所属大洲：非洲
所属国家：津巴布韦
发现时间：1877 年

"**大**津巴布韦"是非洲大陆上一大文明奇观。来这里参观的人都对它的精巧结构和宏大规模赞叹不已。从建筑工艺角度看，该城绝对可以和一千多年前修筑的欧洲古堡相媲美，是古代非洲文明的象征。

"津巴布韦"的意思是"石头城"。最早这块土地被殖民主义者践踏过，曾取名为"罗得西亚"。1980 年津巴布韦获得独立，该国人民为了纪念祖先创造的"大津巴布韦遗址"，便以此来命名自己的国家。

大津巴布韦遗址位于津巴布韦首都哈拉雷以南约三百五十千米、距马斯文戈市约二十四千米处，这座古城坐落在三面环山、风景优美的丘陵上，北面是碧波荡漾的凯尔湖。大津巴布韦城堡占据了整个都城的最高点，在城堡前只有两条小道可以通往山脚，后面全是陡壁悬崖，只有一个狭窄的石门可以出入。所有建筑的墙壁几乎都是用统一规格的长 30 厘米、高 10 厘米的花岗石板砌成的，中间虽然不用任何黏合物，但却砌得坚固结实，俨然是一个整体。

宏伟壮观的遗址包括大围场、卫城和平民区三个部分。被人们称做"庙宇"或"王城"的椭圆形大围场，是由很高的石墙围绕而成的像堡垒一样的卫城，早期建在山顶上，被叫作"山地要塞"；在大围场和卫城之间河谷中的是平民生活区的各类建筑遗址。

大围场的围墙上窄下宽，顶部厚 2.5 米，下部厚 5 米、高 10 米、

周长达 240 米。城墙的东、西、北各开一个城门，城内面积约四千六百平方米。几乎全城所有建筑都用长 30 厘米、厚 10 厘米的花岗岩石板牢固地垒砌而成，其高质量的砌石工艺令人赞叹不已，而东北部的那堵高 9.1 米、底部厚度为 4.9 米的石墙更是令人赞不绝口。石匠们将花岗岩修凿成石片，再从两面垒砌起来，把墙中心的碎石堆围住，这样看起来十分牢固，给人浑然一体的感觉。城中心有一个周长为 90 米的半圆形内城，内城中修建的一组组建筑都建有小围墙，以"之"字形结构连接而成，门、柱、墙、窗上面均装饰着浮雕或圆雕，最吸引人眼球的当数一些城门和石柱顶端雕刻的一种鸟，其雕工精湛，人们称之为"津巴布韦鸟"或者"上帝鸟"，有人认为门上雕刻的这种鸟是南半球珍贵的候鸟"红脚茶隼"。在东南墙外面加筑一道百米长的、与城墙平行的石墙，两墙间留有一条宽仅 1 米的小道，小道尽头还有一座直径 6 米、高约 15 米的奇异的圆锥形实心塔，塔上也有"之"字形结构，塔旁长着两棵参天古树，多人围在一起才能把它们抱住。

在距离大围场 1 000 米的小石山顶峰，矗立着一座坚固的石堡，是整个城池遗址的最高点，它就是精心设计的"卫城"。"卫城"全长 244 米，是能工巧匠们用各种石块依岩石的自然形态精心砌成的。城墙下边的通道很狭窄，只可容纳一人通行，从中可以看出人们具有高度的防卫意识，正应了一句古话"一夫当关，万夫莫开"。

大津巴布韦遗址风貌

在大围场和卫城周围再没有什么较大的建筑物遗址，只有一些住宅、酿酒作坊、货栈、商店、铁矿坑、炼铁炉等，附近还能见到水渠、梯田的遗迹。人们在这里还找到了中国的瓷器、阿拉伯的玻璃及金器等。这些已出土的文物足以证明这是一个有贸易往来的"平民区"。奴隶、工匠和为王室服务的工人都住在这里的陋舍中。

大津巴布韦对现代人来说仍然是一个谜。16 世纪初，葡萄牙人侵占莫桑比克时，得知西面有座"石头城"，里面藏有很多宝藏。一些疯狂的欧洲人得知此消息后，立刻从世界各地蜂拥到大津巴布韦，他们在这里进行了毫无理智的破坏性发掘，到处寻找传说中的黄金和珠宝，甚至掘地三尺。本来还算完整的古城最后被这些人弄得面目全非，就连那些雕在门窗石柱上的津巴布韦鸟石雕也不放过。

20 世纪后，人们逐渐意识到大津巴布韦遗址不仅是津巴布韦文化和历史的凝聚之地，也是非洲古老、灿烂文化的有力见证。于是人们开始对其采取很多保护性措施，禁止私挖滥掘，组织学者进行系统研究等。相信在不久的将来，大津巴布韦那层神秘的面纱就会被人类揭开。

🔍 小百科

19 世纪末，津巴布韦被英国殖民者侵占，命名为南罗得西亚。1923 年它成为英国"自治领地"。1965 年史密斯白人种族片面宣布"独立"。1970 年改名罗得西亚共和国。1980 年 4 月 18 日独立，成立津巴布韦共和国。

大津巴布韦古迹

地球文明壮观

美 洲

文明壮观
梅萨维德遗址

梅萨维德遗址
所属大洲：美洲
所属国家：美国
发现时间：1888 年

美国的一支地理科考队在科罗拉多高原的西南角考察时，曾发现过一个印第安人生活过的城寨遗址。科考人员在那里勘察一番后便急忙退了出来，对外界一直秘而不宣……

在 1888 年 12 月一个明媚的清晨，美国科罗拉多州的两个农民到西南边梅萨维德野外寻找迷路的牛。梅萨维德高出地表 610 米，是个大平台，它长 6.1 米、宽 4.6 米、海拔达 2 286 米。在几百万年里，山体被侵蚀得裂了缝，岩壁上还出现了许多天然悬垂物。当二人登上陡峭的峡谷，发现在悬崖绝壁上居然层层叠叠堆建了三四层砖石房屋，这就是有名的"悬崖宫"。

梅萨维德，西班牙语意为"绿色的方山"。悬崖城寨的创造者则被称为"普韦布洛人"。普韦布洛也是西班牙语，意为"村庄"。这是殖民主义造成的结果。因为这里最早被西班牙殖民者占领，所以这些地名都是以西班牙语命名的。

人们总是称梅萨维德为"悬崖宫"。"悬崖宫"与现代城市最大的差异就是，它只是一个成簇房屋的聚居区，里面既没有相连的街道、集中的商店和厂房，也没有象征统治的政权机构。但在占地 210 平方千米的悬崖上，集中这么多的村落屋舍，有了手工业和简单的商业活动；上万人聚居在一起。显而易见，梅萨维德是一座由农业向手

工业、商业过渡的聚居区，它已经初步具备了城市规模。相信这里如果没被毁坏，一定会成为与现代城市特征相似的宏伟城市。

梅萨维德尚存比较完整的聚居区域有三百多处，每处都由砖墙围护，还设有成套的住宅，有公共的庭院和宗教建筑物。这其中最大的聚居中心，是一座高楼宫殿，也就是两个放牧人发现的那座"悬崖宫"。全楼沿崖壁而建，布局紧凑。在高楼周围还建有圆形、方形的小楼。一栋长方形房屋的墙壁长达 90 米，内部间隔成 150 个房间；房屋下面挖开 21 个地穴，最大的地穴足有 7 间房之大，据称这里是当地居民举行宗教仪式的地方。长屋北边还有一座"杯子房"，内藏430 个杯子、盒子、饭碗和缸瓮，可能是祭器储藏室。

以云杉筑成的"云杉木楼"尤为著名，它包括 114 间住房和 8 间祭祀室，是一座 203 米长、84 米宽的三层楼式建筑。

还有一栋由 25 个房间构成的楼房，楼顶房屋建在向外伸出的底楼的栋梁上，故称"阳台楼"。楼下还有小道可以通往地穴，每间地穴长约三米、宽 2.4 米。考古学家曾在这里的地穴中挖出过人体骨骼和陶器。

梅萨维德周围全是悬崖峭壁，野兽都很难攀登上去。壁面凿出一个个小洞，仅可容手指和脚趾插入。普韦布洛人正是依靠这些洞爬上爬下进出城寨的。显然，这是为了对付外族和野兽的入侵而设计的。

1276 年—1299 年，梅萨维德曾出现了严重的干旱，水粮断绝。从天而降的自然灾害使得这里的人们向东逃荒，去寻找水源充足的地方来重建家园。"悬崖宫"从此被废弃。现在散居在北美各地的祖尼、霍庇、台瓦、凯烈等印第安人部落的祖先都是悬崖宫的普韦布洛人。

在中美洲和南美洲，玛雅人、阿兹特克人、印加人的印第安文化遗址不断地被人们发现，层出不穷。有些古城建筑与旧大陆建筑相比，毫不逊色，其规模曾经达到十万人之多。但在北美洲，却鲜有印第安人的文化遗迹。梅萨维德遗址的发现正填补了这一空白，证明了北美印第安人也曾有过灿烂的文化。

梅萨维德遗址中古老的墙

考古证明，远在公元始初，北美印第安人已能熟练地编织篮筐，栽种玉米。他们生活在洞穴或土垒的圆形小屋里。公元 5 世纪—8 世纪，他们学会了制陶、种棉织布、建造地面房屋等。公元 7 世纪，梅萨维德人来到了这里，到 12 世纪，他们在这里已建立起了规模宏伟的悬崖宫。那时正处于母系社会，女子掌管家务和祭祀大权，日常生活中女人负责在陶器上彩绘染色，男人则从事农业劳动，并兼狩猎、纺织和制作陶器等工作。市集贸易兴起，实行物物交换。

从梅萨维德遗址中，人们可以看到当年蓄水灌田的水库和驯养火鸡的残迹，精美的石器、骨器、白底黑彩的陶器，以及手工织出的棉布。在陵墓中，人们还找到了保存尚好的木乃伊。这些足以证明，哥伦布来到新大陆以前，北美社会文化已经发展到了极高的水平。

人们从 20 世纪 50 年代开始了大规模发掘和研究梅萨维德的工作，如今梅萨维德地区已建立了博物馆和图书馆，成为举世闻名的科研基地和旅游胜地。

小百科

印第安人是美洲土著居民，包括众多民族和部落，分布于北美洲各国。他们的皮肤呈黄褐色，毛发黑粗而直，面部扁平。印第安人使用印第安语，有些印第安语已有文字，有些印第安语已成为所在国官方语言之一。

文明壮观
拉什莫尔总统山

拉什莫尔总统山
所属大洲：美洲
所属国家：美国
始建时间：1927 年

在美国南达科他州巴登兰以西的拉什莫尔山上，有一群世界上最大的人面雕像。因山上雕刻着美国四位前总统，而得名"总统山"。这四位著名的总统是华盛顿、杰弗逊、林肯和罗斯福。

这个不同凡响的艺术巨作出自美国艺术家夏兹昂·波格隆之手。1923 年美国历史学家多恩·罗宾逊最先萌发出在群山上雕刻巨像的想法，但他设想的是在山头上雕刻一些西部人物打斗的场面供人参观。1924 年秋，他邀请波格隆来到拉什莫尔山观察地形。波格隆刚一看到由花岗石构成的拉什莫尔山居于群山之上，沐浴在阳光之中，便认定这是他实现自己夙愿的地方，是雕凿美国四位著名总统头像最理想的地方。1927 年 8 月 10 日，柯立芝总统宣布将拉什莫尔山命名为国家纪念场，雕塑工程也同时破土动工。工程一开始，资金全由私人捐助，联邦政府到工程后期才给予财政支持。由于受经费短缺和气候恶劣等不良因素影响，工程经常被迫中断。1941 年波格隆去世，没能亲眼目睹工程完成。他的儿子林肯继承了父业，于 1941 年底勉强完工。

这四尊总统头像与山峰浑然一体，十分壮观，游人来此无不肃然起敬。华盛顿像是一座胸像，肩部与胸部巧妙地按照山形雕出。其余三人都是头像，罗斯福和林肯的像只雕刻了面部。因此四人的肖像都十分突出，他们的表情都很严肃庄重。那紧闭的嘴唇、凝视远方的眼

睛，惟妙惟肖，颇为传神。四尊头像各具特色，显示出他们各自不同的性格和特征，可谓栩栩如生。

工程动工之时，波格隆已年过六旬，他把全部心血都倾注在这件艺术杰作上，仅艺术造型，就反复设计了近十次。

依山开凿、雕刻的"总统山"端庄、凝重、气势恢宏。昔日光秃秃的花岗岩峰顶上，如今雄踞着乔治·华盛顿、托马斯·杰弗逊、亚伯拉罕·林肯和西奥多·罗斯福四位总统的巨型头像。这些质量很大的总统头像虚实并重，石像面孔高 18 米 ~ 21 米，其中林肯总统头像上的嘴唇就有六米多宽。

在四位总统石刻头像的山脚下，簇拥着苍松翠柏，下面则是宽阔的大道。十几根方柱竖立在大道的两旁，美国 50 个州的州旗以四面一组分别装饰在大理石饰面的方柱上，象征美利坚合众国的联邦国体。

游人在游览"总统山"时，可能都会发出这样的疑问：在美国历届总统中，当年的雕塑艺术家为什么只选中这四位总统来作为美国的象征呢？在皎洁的月光下，游客们坐在"总统山"露天影院剧场，观看一部历史文献纪录片后，就会获得满意的答案。

被雕刻在山峰上的四位总统，在美国发展的历史上，都具有举足轻重的作用，受到广大人民的尊敬。

华盛顿（1732 年—1799 年）是美国的开国元勋，为美利坚合众国的奠基人之一。1775 年北美独立战争爆发，他被任命为大陆军总司令。1783 年，英国被迫签订和约，正式承认美国独立。1789 年，华盛顿当选为美国第一任总统，被称为"美国国父"。

杰弗逊（1743 年—1826 年）是美国第三任总统，《独立宣言》的主要起草人。在华盛顿率领大陆军进行独立战争期间，1776 年，杰弗逊受命起草《独立宣言》，后又被任命为弗吉尼亚州州长，1801 年就任总统，杰弗逊也对独立战争胜利作出过重大贡献。他去世时正值《独立宣言》发表 50 周年。他的墓碑上刻着他临终前为自己选定的铭文"美国《独立宣言》的起草人，弗吉尼亚宗教自由法令的作者和弗吉尼亚大学之父托马斯·杰弗逊安葬于此"。

林肯（1809 年—1865 年）是美国第十六任总统，作为第一位解放黑人的美国总统，他受到了世人的尊重。1862 年，林肯签署并颁布了《宅地法》和《解放宣言》，后者使 20 万黑人奴隶在南北战争期间得到解放，可他最后却被刺身亡。

罗斯福（1858 年—1919 年）是美国第二十六任总统，曾连任两届。是当时美国最年轻的总统，在执政期间，他将 78 平方千米土地转化为国有，为美国保存了大量国家公园、矿藏、石油等财富。他对美国在 20 世纪的发展起了重要的作用。

为了表示对这四位总统的尊敬，美国政府规定，禁止游客攀登拉什莫尔山。在山脚下专门留有供游人瞻仰的区域。每天上午，当阳光洒满整个山峰时，是人们观瞻头像的最佳时刻。每年夏季，这里还备有照明设备，即使在夜间，人们也能真真切切地观赏到这一杰作。

小百科

《独立宣言》继承和发展了"天赋人权"和"社会契约"理论，阐述了殖民地人民争取独立的理论根据。宣言宣布，上帝赋予人诸如生存、自由和追求幸福等权利。任何政府一旦损害这些权利，人们就应废除它，建立新政府。

文明壮观

自由女神像

自由女神像
所属大洲：美洲
所属国家：美国
始建时间：1874 年

高举火炬、神态坚毅的自由女神像，被认为是美利坚民族的标志。一个多世纪以来，这座神圣的铜像被视为美法人民友谊的象征，并永远表达着美国人民争取自由、民主的崇高理想。

自由女神像坐落在美国纽约哈得孙河口的自由岛上。这座世界上独一无二的巨型铜像是法国在美国独立 100 周年时赠送给美国的珍贵礼物。

雕像由法国著名雕塑家奥古斯特·巴托尔蒂创作完成。据说，女神像的形体是以巴托尔蒂的妻子尚奈密丽为原型创作的，面容则是根据他母亲的脸形来雕塑完成的。

自由女神身穿古希腊风格服装，头戴王冠，且王冠上具有象征世界七大洲的七道光芒。女神右手高举象征自由的火炬，左手抱着一本美国《独立宣言》的书板，上面刻着宣言发表日期——1776 年 7 月 4 日。脚下是被挣断的手铐、脚镣和锁链。她象征着自由、挣脱暴政的约束，被认为是美利坚民族的标志。

女神像高 46 米，连同基座在内，总高度为 93 米，重达二百多吨。

整座铜像是用 30 万只铆钉，将 120 吨的钢铁骨架和 80 吨铜片外皮装配固定在支架上。可想而知，这项工作的艰难与复杂。

1869 年，巴托尔蒂完成了自由女神像草图设计的初始工作。1874 年造像工程正式开始，到 1884 年完全竣工，前后历时 10 年之久。

1886 年 10 月 28 日，美国总统克利夫兰在纽约港主持了自由女神像的揭幕仪式，从此，进入纽约港的乘客，抬眼便可望见高举自由火炬的自由女神。女神像的内部设计也极为巧妙，共有 22 层，当电梯位于第十层时，即已抵达女神脚下。而从脚部到神像王冠处则需要再

登 168 级螺旋阶梯。皇冠处四面开有小窗，临窗俯瞰，纽约仿佛矗立于水天之间，其美妙景致尽收眼底。

1942 年，美国政府将自由女神像列为美国国家级文物。

1984 年，自由女神像被列入《世界遗产名录》中。

长久以来，屹立在自由岛上的自由女神像已成为美利坚民族和美法人民友谊的象征，并永远表达着美国人民争取自由、民主的崇高理想。

自由女神像的基座上刻有美国犹太女诗人埃玛·拉扎鲁斯歌颂女神的诗篇：

> 欢迎你，
> 那些疲乏了的和贫困的挤在一起渴望自由呼吸的大众，
> 那熙熙攘攘的被遗弃了的可怜的人们。
> 把这些无家可归的饱受颠沛的人们一起交给我。
> 我高举起自由的灯火！
> 不似希腊伟岸铜塑雕像
> 拥有征服疆域的臂膀
> 红霞落波之门你巍然屹立
> 高举灯盏喷薄光芒
> 你凝聚流光的名字——放逐者之母
> 把广袤大地照亮
> 凝视中宽柔撒满长桥海港
> "扼守你们旷古虚华的土地与功勋吧！"她呼喊
> 战栗着双唇：
> 把你，
> 那劳瘁贫贱的流民
> 那向往自由呼吸，又被无情抛弃
> 那拥挤于彼岸悲惨哀吟
> 那骤雨暴风中翻覆的惊魂
> 全都给我！
> 我高举灯盏伫立金门！

 小百科

居斯塔夫·埃菲尔是法国工程师、金属结构专家，同时也是一位作家。由他主持修建的有法国波尔多的加隆河铁道桥、索尔河上的高架桥、巴黎埃菲尔铁塔，还有鲜为人知的美国纽约自由女神像的框架等等。

文明壮观

乌斯玛尔古城

乌斯玛尔古城
所属大洲：美洲
所属国家：墨西哥
始建时间：公元 700 年前后

失落的玛雅古城乌斯玛尔，是玛雅文明高峰期的典型代表，是玛雅文明最后的辉煌。乌斯玛尔古城中的建筑，使人们充分领略到神秘的玛雅人高超的建筑技巧，让人们叹为观止。

位于墨西哥尤卡坦半岛北部、梅里达以南 80 千米处的乌斯玛尔古城是古代玛雅城市的遗址。据考古人员推测，乌斯玛尔古城应该是在玛雅文明的其他城市衰落以后，才成为玛雅文明中心的，也成为玛雅文明最后的辉煌。古城建筑区面积 0.6 平方千米。乌斯玛尔古城代表了玛雅人艺术和建筑成就的顶峰，是古代蒲克式建筑艺术的代表，被称为玛雅古国三大文化中心之一。

在尤卡坦半岛上，最能体现玛雅文明的，就是乌斯玛尔古城那一座座超凡的宏伟建筑。有人认为，在玛雅文明的黄金时代，只有乌斯玛尔的玛雅人才有可能建造出那种称之为突拱或假穹隆的屋顶，其建筑方法就是把石头切割成拱形，上面的一块比下面的一块悬出少许。穹隆顶的内部形状仍然被当今住在尤卡坦半岛的印第安人采用。当时，在玛雅人建造的许多建筑中，都可以看到这种结构。

乌斯玛尔古城遗址上的几个大的建筑群最为著名，每一个建筑群都是一个有机整体，它通常由四座宫殿排列成方形，但建筑却互不相连，方形的四角是开放的。宫殿由成排的拱顶房间组成，还设有仪式性门廊。另外，所有的建筑物都处于南北中轴线上，每座建筑物本身

又左右相对称，整个布局均衡
和谐，巍峨壮观。

乌斯玛尔古城主要的建筑
群有"总督府""魔法师金字
塔""女修道院"等。但需要
说明的是，乌斯玛尔古城中的
"总督府""魔法师金字塔"
等名字都是由后来的西班牙人
命名的，至于它们原来的名字，早已无人知晓。

有人把乌斯玛尔的总督府看作古代美洲建筑最壮观瑰丽的代表，
它也的确不枉此名。总督府长九十多米、高十余米，建筑在一座 120
米长、9 米宽的高台上。尤卡坦建筑所特有的蒲克式特征在它身上有
着显著的体现。总督府上方有一道三米多宽、总面积 750 平方米的石
雕镶嵌带，围住整个府第，雕刻带上刻的是蒲克式图案，其上面还雕
有 150 个一模一样的长有眼、耳、角和尖齿的蛇形神。每个面具由 18
块建筑用的石料组成。这些面具的图案完全一致，它们砌成一幅镶嵌
图案，每 0.84 平方米由 30 块组成，光是面具就用了 2700 块有雕刻的
石料，而整个镶嵌带由 22 500 块石雕拼成精心设计的图案，这些石块
中有一大半组成一个十字形图案，图案由同样的石块组成。所有石块
都要有相同的体积、形状。因为，若石块有半寸之差，那么成千上万
块拼起来的结果就不堪设想。所以在工场里把石块预先修凿成形的工
匠，技术都已达到相当高的水平，其生产方法可与现代工厂媲美。而
且在装饰设计中不断重复使用简单的几何图案，这也是古玛雅文明中
蒲克式建筑风格的特征之一。连接总督府里的主要部分和中央楼宇的
短通道，都是用假穿隆顶或突拱的形式建造的，总督府的中央大厅外
铺石片，房顶也是假穿隆顶。

建造总督府这项巨大的工程所需材料的数量之多令人难以想象，
玛雅人要筑起总督府平台需要 344 070 立方米的建筑材料，要完成整
个工程需用的建筑材料则高达 100 万吨。而整座建筑物所需要的内部
填充物以及碎石和各种设备，都要完全依靠人力来完成。考古发现，
建造这么宏伟的巨型建筑，玛雅人在建筑时竟未曾使用过有轮的车。

遗址的中心耸立着"魔法师金字塔"，根据传说，这座金字塔是
魔法师在一夜之间神奇建造的。此塔呈椭圆形，而不是一般的正方

形。塔底部长约七十三米、宽约三十七米，塔身高耸在天地之间，俯瞰着周围一望无际的旷野。塔的正面从下往上共有 89 级陡峭的石头台阶，中间没有休息平台，也没有斜桥。

金字塔越往上攀登，台阶就变得越狭

乌斯玛尔古城中的建筑

窄，最接近塔顶的石阶只能踏上半只脚。有些研究美洲文明的学者认为，因为这里是古玛雅人举行宗教仪式和献祭的中心场所，居民在广场上集合，可以仰视金字塔高台上由祭司主持的祭礼，而这些台阶也是为祭司们特别设计的，为的是方便祭司在塔顶上用活人献祭后处置尸体。台阶两旁装饰着华丽的图案，有人将其称为"雕刻的镶嵌拼花图案"。顺着台阶一直往上攀登，可来到矗立于塔顶端的神殿，神殿只有一间用石柱支撑的拱形屋顶的庙堂。

当站在神殿上鸟瞰整座乌斯玛尔古城遗址和周围的原始森林时，人们会有一种游历于天地之间，身处另一个世界的感觉。从神殿朝东北方向望去，古代玛雅人的建筑杰作——总督府便尽收眼底。

玛雅人掌握的神秘莫测的天文知识，在其建造的总督府和魔法师金字塔中得到了充分的体现。每逢夏至时分，魔法师金字塔西面的石阶正好对准西落的夕阳。玛雅人在建造总督府时，不仅在里面镶嵌着数以万计的精美图案，其中还包含了许多代表金星的符号。因此有人认为，这座金字塔具有神奇的导向功能。

据考古学家推断，女修道院大概建于公元 9 世纪或 10 世纪。该建筑有一个气派雄伟的拱门，宽敞的梯级，一个

乌斯玛尔古城周围原始森林中狩猎人的小屋

中央庭院，还有四座宽而矮的宫殿式楼房，由刻着几何图案的雕刻带围绕。里面的房间都用石块隔开，上面是拱形的房顶。其建筑具有典型的玛雅建筑的蒲克式风格。女修道院西侧雕刻带上的图案，有玛雅印第安平民用泥土盖成

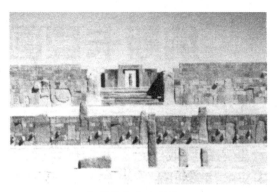

乌斯玛尔古城遗址

的住屋图样，这些住屋作为一种象征高置在其建筑物每一个房间的门上，说明玛雅人所使用的石建房子应该是他们的住所，而不只是举行典礼的地方。

当乌斯玛尔古城达到玛雅文明最后的高峰时，其他的玛雅文明已经开始走向衰落。尽管乌斯玛尔古城是所有玛雅古代遗址中保存比较完好的一座，但它的历史，人们却知之甚少，这是令人非常遗憾的。

玛雅文明的遗迹，多数已湮没在历史的长河中了。人们至今仍然无法弄清玛雅人的语言文字，所以对玛雅人的了解几乎都源于他们遗留下来的古物：图画、石头雕像、陶器、玉器和建筑物的遗迹。也许，玛雅人不仅保存了那些谜样的石头雕像和众多建筑，也保留下来一些更神秘、更奇妙的东西。相信随着考古学家对其不断地发掘，总有一天，人们会站在玛雅人的遗迹面前，不再迷茫，不再困惑。

小百科

在乌斯玛尔古城中，许多建筑的名字都非常有趣，像"总督府""魔法师金字塔""女修道院"。"总督府"也许以前并不是总督府，"魔法师金字塔"里真住着魔法师吗？"女修道院"或许是座学校，只是真相早已无人知晓了。

文明壮观
纳斯卡巨画

纳斯卡巨画
所属大洲：美洲
所属国家：秘鲁
发现时间：20 世纪 30 年代

在秘鲁南部城镇纳斯卡和伊卡之间的沙漠中，有一些大约形成于一千五百多年前，方圆 518 平方千米的奇怪凹线，人们将它们称为纳斯卡巨画。它们是南美洲最大的考古谜团之一。

20 世纪 30 年代初，一架秘鲁民用飞机经过纳斯卡荒原上空。飞行员无意间看到地面上迅速掠过的奇形怪状的线条图案，这些巨大的图案有的看起来似乎是飞禽走兽和昆虫的巨大形象。这位细心的飞行员把自己所见到的图形绘制在纸上，找到利马博物馆的负责人，陈述了他的发现，并交出了那张自己绘制的实在看不出具体形状的图。几年之后，这张涂鸦般的图画辗转来到了美国长岛大学历史学教授鲍尔·科索克博士的手上。于是，博士组织了一支考察队来到了纳斯卡荒原。

在荒芜寂寥的大地上，满布着一条条长短不一的沟道线条，它们宽 2 米~3 米、深 0.07 米~0.6 米。另外，还有一些线条是由一些石块聚集而成的突出于地面之上的石垄构成。考察队员们带着各种仪器，沿着沟道和石垄进行定位、测量，同时在图纸上记录着，令人惊讶的结果出现了，一只巨鹰的图形出现在人们眼前。队员们登上飞机，从 500 米高空俯瞰大地，看到那只巨鹰紧贴在大地上，努力张开巨大的翅膀，试图腾空而起。

纳斯卡荒原发现巨型线条画的消息使得许多职业的和非职业的考

察人员蜂拥而来，到这里进行航空摄影、实测、绘图。人们现在已经能够基本确定，这些线条长几十米、几百米，最长的甚至达到两三千米。从不同的方位和角度看，这些线条连成各种几何图形，如长方形、平行四边形、三角形、梯形、半圆形、星形、螺旋形、"之"字形等等，可谓千姿百态。

德国数学家玛丽亚·赖克被科索克博士的发现所鼓舞，她耗费毕生精力来研究这些沙漠中的神奇图案。她发现，除去深褐色的表土，这些黄沙中深 2.03 米、宽 0.9 米以上的凹线会更明显。用这种方法，科学家揭示出了更多神奇的图案。不过，图画的主题要从空中拍摄才能展现出来。

纳斯卡大部分图画都是以一条单线构成，有时候在戈壁上延伸数百米甚至几千米。该地的气候和地形是这些古代图案得以保存下来的重要原因。纳斯卡和伊卡之间的彭巴地区降雨量极小，而且西边的海岸山脉、东边的安第斯山支脉阻挡了沙暴对这一地区的侵袭。

除了规模大以外，这些图案的惊人之处还表现在图画的精确度和艺术性。人们发现达到同样美学标准的类似设计在纳斯卡文化的陶瓷制品中也有所体现，这就确定了纳斯卡的艺术家就是戈壁图案的创造者。

根据化验鉴定，这些图像创建于几千年前，经过一代又一代不断创作才完成。从这些作品中可以看出，早期的作品要强于后期的作品。可以设想，每创作一幅巨画，都要按程序进行设计、定点、放样，然后按原设计意图准确地施工。有人计算过，如此巨大的工程，所费的工时和人力不亚于挖掘一条巴拿马运河。更令人无法理解的是，在没有任何飞行器的情况下，古代纳斯卡人是如何按照设计的比

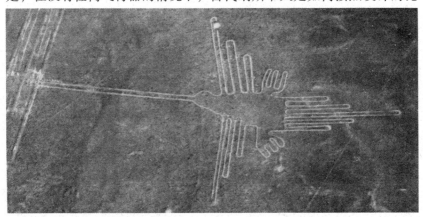

例，将这些只有在空中才能完整地看到的巨画完成的呢？难道他们已经能够制造某种飞行器了？

可以肯定的是，他们使用绳子来辅助画直线和圆圈，但没有人能详细说明这些图画的意义或目的。大多数科学家认为它们是一种文学图案，而玛丽亚·赖克则将它们看作宇宙观测的记录。她发现有一处凹线通向太阳在夏至时南半球的直射点。其他一些不精确的平行线似乎与公元300年—650年夏至与冬至时不同的太阳直射点有关。即使有了这些发现，纳斯卡图画的文化意义仍然是一个谜团。这使得人们对它展开了丰富的联想，瑞士作家艾瑞克·冯·邓尼肯甚至将这些图画描绘成太空人的信号和着陆跑道。

一切未经证实的理论只能是猜测和推想，纳斯卡线条画的创作、功用、作者、创作年代等等，在它被发现、关注七十多年后的今天，还是没有一致的结论。真正的秘密也许就是那些袒露在天地之间却无法了解的东西。面对纳斯卡巨画，倾其毕生精力研究的玛丽亚·赖克慨叹道："我永远不可能解开荒原上所有的谜，而这就是优秀古谜的真谛所在。"

小百科

秘鲁位于南美洲西部，面积为128.52平方千米，人口2 566万。该国以的的喀喀湖、马丘比丘古城、纳斯卡巨画闻名于世。秘鲁也是南美洲印加文明的发祥地。其他最具代表性的有库斯科古城、特鲁希略的太阳神庙和月亮神庙废墟等。

文明壮观
库斯科古城

库斯科古城
所属大洲：美洲
所属国家：秘鲁
始建时间：1100 年

被誉为印加文明摇篮的印加古都库斯科，素有"安第斯山王冠上的明珠"之称，它位于海拔 3 400 米之上的东安第斯山脉丰饶的山谷中。1983 年联合国教科文组织将其作为文化遗产，列入《世界遗产名录》。

西班牙殖民者建立的库斯科城位于秘鲁东南部的库斯科省，这里曾是印加帝国的首都，是印加文化的摇篮。它以保存大量印加古迹和巴洛克式建筑而闻名于世。

生活于南美腹地的的喀喀湖畔的印加人自称是太阳神的子孙，他们建立了印加帝国，而印加帝国在欧洲人到达南美洲之前是南美洲印第安人建立的最强大的国家。

在印加帝国时代，印加统治者以库斯科城为中心，将帝国分成四个地区，因此库斯科本身也被划分为四部分。尽管现代地图显示，帝国的四个地区所占的面积大小不同，但基于管理的需要，这四个地区都处于同等地位。

库斯科这座当年用巨大石块建造的城镇是印加帝国的中心。据传说，库斯科城最初的设计是依照美洲豹的形状而建的，其轮廓现在仍然依稀可见，头部是位于安第斯山脉的萨克塞华曼神庙，中部是印加王宫，贵族的住宅在"美洲豹"的尾部。

库斯科城的印加建筑声名显赫的原因除了它们精美坚固之外，更

要归功于当初的建造者驾驭石头的非凡技能和独特匠心。

印加石匠和建筑工人把安第斯山的巨石切割成块，使每一块石头都能够严密地衔接起来，从而建造成富丽堂皇的宫殿、庙宇和公共建筑。在库斯科城，游客们惊叹于完美的印加巨石建筑与周围的环境如此地浑然一体，排列巧妙。

库斯科城中心是兵器广场，这里曾是印加帝国时期举行庆典的场所。广场正中耸立着印第安人的全身雕像。几条狭窄的石铺街道呈放射状通向四周，街道两旁矗立着许多用土坯建造的尖顶茅屋，其中很多石块房基还是印加帝国的遗物。现在保存下来的一些宫殿、庙宇和房屋，大多是用从 90 千米外的安第斯山上采集的巨石堆砌而成的。在胜利大街的印加罗加宫墙上，有一块著名的十二角形巨石，镶嵌之精巧令人称绝。游客站在这些巨石建筑面前时依然可以感到几分印加帝国时代的遗风。

广场东侧的拉孔帕尼亚教堂建成于 1668 年，是全城最漂亮的教堂。教堂墙壁饰有绚丽多彩的绘画，还有精雕细刻的祭坛。它是在印加人的太阳神庙的基础上建造而成的。太阳神庙是未被西班牙人摧毁之前的库斯科城中最重要的建筑，它极为富丽堂皇，里面供奉着印加民族尊崇的太阳神。因此，这座神庙也成了印加人心目中的圣地。据说，当年的整栋庙宇由七百多片黄金（每片重达 2 千克）覆盖而成，宽阔的庭院"栽种"着好几畦黄金打造的玉米。

印加人在库斯科城周围建立起许多巨石堡垒来保卫首都。这其中最为有名的是萨克塞华曼古堡。"萨克塞华曼"在奇楚亚语中是"山鹰"的意思，它位于库斯科古城北面 1.5 千米外、海拔 300 米处，古堡是印加帝国最重要的城堡，也是迄今保存最完好的印加帝国遗迹之一。它建在一个小山坡上，可以俯瞰全城巨大的防御系统。据说，其

主堡是由印加王帕查库提于 15 世纪 70 年代动工修建的，持续了五十多年，直到西班牙殖民者入侵之前还没完全竣工。

1533 年 11 月 15 日，西班牙殖民者攻破

了这个城市，使之遭到毁灭的命运。还有人认为：1536 年，西班牙征服者接管了库斯科城。经过战争之后，这座城市与波托西一起并入秘鲁总督管辖区，利马城成为首都。城市化发展时期，库斯科城的布局得到保护。16 世纪，新

库斯科大教堂

的城市规划者在印加广场上增加了德阿马斯广场。他们的工作也保护了其他的城市广场和印加棋盘式的街道布局。17 世纪，波托西的矿山促使了库斯科经济的繁荣。而 1650 年，重建的城市毁于大地震。1670 年，库斯科城按照巴洛克风格重建，并使它成为艺术中心。今天，库斯科的主要建筑物都属于这一时期，因此，库斯科的建筑既有印加帝国的痕迹，又有西班牙的风格。库斯科城广场北侧的库斯科大教堂是西班牙殖民者于 1560 年开始建造的，直到 100 年之后才全部建成。这座教堂融合了文艺复兴风格和巴洛克风格，其顶端的福音钟楼上悬挂着一口重达 130 吨的巨钟，据说它是南美大陆最大的钟，钟声能传到 40 千米之外。

尽管库斯科城三番五次被毁，而后又被重建，但城中大量有价值的遗迹却一直保留到现在。1790 年，库斯科整座城市被占领。这以后，与波托西的矿山息息相关的利马城，享受着经济发展所带来的繁荣，库斯科城则随着利马的兴起而衰落。

 小百科

萨克塞华曼城堡占地约四平方千米，主体由里外三层围墙组成。整个城堡共用三十多万块石料，并且全部是重达数十吨甚至数百吨的巨石。这让人不得不怀疑它是外星人的杰作，而非出自人类之手。

文明壮观
蒂卡尔

蒂卡尔
所属大洲：美洲
所属国家：危地马拉
始建时间：公元前 3 世纪

蒂卡尔，这座昔日玛雅最大的城市，高耸在今日危地马拉东部的密林低地中。宏伟壮观的蒂卡尔古城遗址被一望无际的茂密丛林所包围，它的历史可以追溯到公元前 3 世纪。

蒂卡尔被古玛雅人称为"百声汇合之地"，它位于今危地马拉东部佩腾湖畔的原始密林中，是危地马拉古玛雅城市的遗迹。据考古学家研究，该城市建于公元前 3 世纪，后来不知何故，突然被废弃。17 世纪末被发现，1848 年开始发掘，1955 年起对外开放。它是玛雅文化最大的城市之一，也是最重要的印第安宗教中心之一。

蒂卡尔是玛雅古典时期最大的城邦，此时玛雅的文明中心已从南部移到中部。公元 292 年，被称为"美洲虎之爪"的玛雅天王建功立业，开创王朝。这位强有力的玛雅天王在位 67 年，为日后蒂卡尔称霸打下了坚实的基础。继他之后，"蜷鼻王""暴风雨天王"第一次开创了蒂卡尔王朝盛世。但在公元 6 世纪中期，由于受到墨西哥移民大迁徙浪潮的冲击，蒂卡尔发生了大的政治动荡，王朝走向衰败，城市建设一度停歇。一百多年后，蒂卡尔才又生机重现，连续出现三个强大的国王：阿卡高王、雅克京王和奇坦王。今天考古发掘所看到的美轮美奂的蒂卡尔城，就建于这三个国王在位之时。第二次盛世时，蒂卡尔城市拥有居民 5 万人，城市面积超过 65 平方千米，金字塔数量达 3 000 座以上，同时，祭坛和石碑也随处可见，该城市影响的区

域为方圆 500 平方千米。考古学家认为，蒂卡尔可能曾是玛雅人最大的集居地。

外形陡峻的金字塔是蒂卡尔最主要的建筑成就。蓝宝石般明净的天空下，一座座拔地而起的金字塔刺破林莽的密网，在绚烂的热带阳光下遥遥相对，熠熠生辉。更令人叹为

蒂卡尔石柱上的文字主要叙述了蒂卡尔城曾经的繁华

观止的是被人们称为"丛林大教堂"的蒂卡尔金字塔，外形奇峭，有如哥特式教堂。考古发现证明，蒂卡尔的金字塔神庙也用作君主和贵族的墓地，这些墓地通常有许多华丽的陪葬品，宫殿或庙宇前的石碑上往往刻有这样的图案：一个将敌人踩在脚下的勇士或国王。

统治阶层成员的形象被描绘在蒂卡尔遗址北部卫城 166 号墓葬的墓壁上，壁画上的盛装人物默默陪伴着随葬品丰富的墓主。这一时期随葬的陶器通常是特制的精品。

此外，还有一系列成对的金字塔群，以及众多宫殿、小型神庙、球场和其他礼仪或宗教建筑。除了这一礼仪中心区之外，还延伸至郊区。

大广场居中心，四周高耸着庄严的金字塔。东侧的 1 号金字塔，建成于公元 810 年，塔身分 9 个梯级，由于它状似一头雄踞的美洲豹，故称其为"美洲豹金字塔"。塔高六十多米，顶端建有小庙，塔南为"中部卫星城"，是由 6 个庭院组成的长廊式建筑群，每个庭院四周又建有一组殿堂广场。正南是高达 57 米的 5 号金字塔和"南部卫星城"。往西就是著名的七殿广场。广场上耸立着 7 座宫殿，殿堂门楣上雕刻着骷髅和花纹。在七殿广场以北，有一座 2 号金字塔，此金字塔于公元 736 年建成，与美洲豹金字塔遥遥相对，塔顶雕刻着巨大的假面，塔底分为 3 个

蒂卡尔古城遗址

大厅，石壁上到处雕刻着浮雕，其中有贵族妇女抛掷珍珠的浮雕和奴隶祭祀的浮雕。2 号金字塔不远处有"北部卫星城"。这些金字塔与广场之间共有 86 块石碑，其中 21 块刻有精致的浮雕和象形文字。石碑背后有宽阔的石阶，石阶最高层为平坦的祭台。

　　在蒂卡尔的中心广场上还树立着十几块纪念碑，这些纪念碑被学者们称为"石碑仪仗"，排列整齐的石碑上记载着当时的自然现象、盛大的宗教仪式以及政治事件。最早的一块刻于公元 292 年，最晚的一块刻于公元 869 年，此后就突然停止了雕刻。与此同时，曾经无比强大的蒂卡尔突然销声匿迹，被莫名其妙地遗弃在丛林中。公元 835 年，帕伦克的金字塔神庙停止了施工。公元 889 年，蒂卡尔正建设的寺庙群工程中断。公元 909 年，玛雅人最后一个城市，也停下了已修建过半的石柱……整个公元 9 世纪，人们突然间遗弃了中央低地数以百计的城邦，几乎在同一时期，那些繁华的城市瞬间荒芜。未留下任何解释，辉煌的玛雅古典文明匆匆降下帷幕，一出波澜壮阔的历史剧戛然而止。

 小百科

　　玛雅人是中美洲印第安人。四千多年前已定居在中美洲。公元前后到 16 世纪，他们在今危地马拉和洪都拉斯等地建立奴隶制城邦。1517 年后因抵抗西班牙殖民者入侵，玛雅人遭到屠杀，经济文化被破坏。

文明壮观

科潘玛雅遗址

科潘玛雅遗址
所属大洲：美洲
所属国家：洪都拉斯
发现时间：1576 年

此起彼伏的山峦，茂密的热带雨林，宛如银带的河流。洪都拉斯这片美丽的土地曾是玛雅文明重要的发祥地之一，而今这里只留下科潘玛雅遗址静静地躲在密林之中，向人们诉说它曾经的繁华。

　　科潘玛雅古城遗址位于洪都拉斯境内与危地马拉接壤处，坐落在其首都特古西加尔巴西北部大约二百二十五千米处。遗址建在一个长 13 千米、宽 2.5 千米的峡谷地带，海拔约六百米，面积大约有十五万平方米，建筑规模非常庞大。这里风景优美，土地肥沃，尤其多茂密的森林。在玛雅文明中，科潘有非常重要的地位，它是玛雅文明中最古老、最重要，也是最大的古城遗址。

　　大约在公元前 1000 年，玛雅文明开始兴起，到公元前 200 年盛极一时，科潘就是当时玛雅王国的首都，也是当时的科学文化和宗教活动的中心。它的中心地带和壮丽的公共大广场体现了它三个主要发展时期，充分反映出当时玛雅文明的高度发达。但是不知是什么原因，早在 10 世纪初期的时候，这座城市却忽然被遗弃了。直到 1576 年，一个西班牙人才在从危地马拉去洪都拉斯的途中，发现了这处淹没在荒草丛中的古城遗址。但直到 19 世纪，古城遗址才被挖掘出来。而对科潘玛雅古城遗址正规的发掘工作则始于 19 世纪 90 年代，经过多年的考察，如今，考古学家已对这座古城有了比较全面的了解。

科潘遗址的中心部分都是宗教建筑，包括金字塔、祭坛、广场、石阶和雕刻，还有6座庙宇和36块石碑等；外围则是16组居民住房的遗址。这些住房也是按一定次序分布排列的：最接近宗教建筑的是玛雅祭司的住房；其次是部落首领、贵族及商人的住房；最远处就是一般平民的住房了，这样的布局也反映出阶级社会中等级制度的宗教特点和宗教祭司的崇高地位。

在科潘古城遗址的广场上有中央金字塔，在金字塔周围是庙宇和住宅。广场上还有许多雕刻、石碑和石阶等建筑。在广场的中央，有两座有地道相通的庙宇，它们是用来祭祀太阳神和月亮神的。这两座庙宇各长30米、宽10米。庙宇的墙壁和门框上是许多表情丰富的人像浮雕，而在众多的人物雕像中，只有一个看起来像女性，充分体现了当时玛雅社会中女性地位的低下。在两座庙宇之间的空地上，耸立着14块高低不一的石碑，经考证，这些石碑大约建于公元613年—783年。这些石碑全部由整块的石头雕刻而成，石碑的上面刻满了具有象征意义的雕刻，还刻着数以千计的象形文字。

在广场的附近，有一座庙宇的台阶上屹立着一尊非常硕大的、代表太阳神的人头石像，石像的上面还雕刻着金星。还有一座庙宇的台阶上，立着一尊玛雅人信奉的雨神的石雕像，雕像的一只手中握着象征雨神的火炬，而另一只手中则攥着几条蛇，并且嘴里还叼着一条蛇。在山坡和庙宇的台阶上，矗立着许多巨大的、表情各异的人头石像。关于这些石像曾经有这样的传说：玛雅人的第一位祭司，也是象形文字和日历的发明者伊特桑纳死后，玛雅人就把他雕刻成众神中的主神供奉在这里。

在广场的山丘上有一座祭坛，高30米，共有63级台阶，台阶是由2 500块刻着花纹及象形文字的方形石块垒成的。石阶

科潘玛雅遗址中神秘的雕像

两侧雕刻着两条倒悬着的花斑大蟒。在另一个长 1.22 米、高 0.68 米的祭坛上，雕刻着 4 个盘腿对坐的祭司。在这些祭司的身上也刻着象形文字，他们的手中还各拿着一本书。

最有趣的是，在科潘玛雅遗址中，考古人员还发现了一座面积约三百平方米的长方形球场，其四周有围墙环绕着。球场四面还修建了高高的、呈斜坡状的看台，地面上用石砖铺设，两边各有一个坡度较大的平台。从玛雅文明的资料来看，科潘球场约建于公元 775 年，是迄今为止保存最完好的一处玛雅人的球场遗址。

玛雅人的球赛也像现在的球赛一样由两队球员进行，双方都奋力击打一个坚硬的橡皮球，使球穿过设在高墙上的石圈。他们击球不用手或脚，而是用前臂、肘部或是臀部向前推球。虽然我们把这种游戏称为"比赛"，但历史学家认为，玛雅人把它当成宗教活动中的神圣仪式。有考古人员研究玛雅文明后发现，在比赛之后，输掉比赛的球手要被祭司砍下头，以此来祭奠神灵。在考古过程中，考古人员还发现有些球场周围环绕着一排排的骷髅，有些球里面也包裹着人的头骨。

曾经繁华的城市，如今却在丛林蔓草中静默不语，科潘古城只留给后人无尽的猜想。

 小百科

洪都拉斯原为印第安玛雅人的居住地。1502 年，哥伦布在此登陆，取名洪都拉斯（西班牙语意为"深渊"）。其全境除沿海地区为平原外，其余均为山地高原，因此有"多山国"的称誉。其农业以种植香蕉等热带作物为主。

文明壮观

巴拿马运河

巴拿马运河
所属大洲：美洲
所属国家：巴拿马
始建时间：1883 年

沟通大西洋与太平洋的国际航道巴拿马运河的开凿，可谓是历尽艰辛，整个开凿过程一波三折，开凿运河的人们付出了血和泪的代价，终于将其建成，如今巴拿马运河已名扬世界。

被誉为"世界七大工程奇迹"之一的巴拿马运河，它位于美洲巴拿马共和国的中部，横穿巴拿马地峡，是沟通太平洋和大西洋的重要航运要道。巴拿马运河全长 81.3 千米，水深 13 米～15 米，运河宽 152 米～304 米。运河的水位大约高出两边大洋 26 米，运河上设有 6 座船闸。船舶通过运河一般需要 9 个小时，可以允许 76 000 吨级的轮船通航。

巴拿马运河的开凿过程有一段不平凡的历史。多少年来，许多国家一直试图控制巴拿马运河的开凿权和主权。巴拿马运河见证了这一地区的人民曾经受到的迫害和侵略，以及巴拿马共和国不断陷入复杂的国际纷争中的历史。

巴拿马地峡在遥远的殖民时代就是连接太平洋与大西洋的交通枢纽，因此，巴拿马的商业和海运日益繁荣。正是从那个时候开始，巴拿马成了冒险家的乐园，这座城市里充斥着官僚、军官、商人、海员、工匠、奴隶和来自加勒比海地区的代理商。商业的兴盛对航运提出了更高要求，人们发现在狭长的巴拿马地峡开凿一条运河沟通两大洋，将是一个事半功倍、惠及万代的壮举。其实，早在 15 世纪，征

服墨西哥的西班牙人就提出过修建运河的主张，但并未指明适合开凿的地点，后来，西班牙国王明确提出了开凿一条中美洲运河的主张。

由于开凿运河的工程浩大，而当时掌控巴拿马地峡的哥伦比亚共和国无法独立完成，因此就要寻求外来的力量。许多国家见开凿运河的利润非常大，都纷纷加入了运河开凿权的争夺中。

首先抢夺运河开凿权的是美国，美国与掌权的新格拉纳达政府达成了一个开凿运河的协议，后来英、法等国也相继卷入了对运河开凿权的争夺中，最终法国得到了运河的开凿权。主持开凿运河的费尔南德·雷赛布就是开凿苏伊士运河的主持者，苏伊士运河的成功让所有人都对他满怀信心，这也包括他自己。但事实上，他对巴拿马地峡的估计不足，最终只能惨淡收场，法国退出了巴拿马运河的开凿，最后还是由美国主持完成的。

如今，巴拿马运河流淌在巴拿马共和国中部，它像一座水桥，从大西洋的利蒙湾通向太平洋的巴拿马湾。巴拿马运河是一条重要的国际航运水道，它的通航使两大洋的沿岸航程缩短了一万多千米。运河区是一个狭长的地带，它的划分是从运河的中流线向两侧延伸，总面积为 1 432 平方千米。

巴拿马运河的开通大大缩短了太平洋和大西洋之间的航程，同时运河也使拉丁美洲东海岸与西海岸，以及亚洲、大洋洲的联系更加方便。现在，巴拿马运河的收入已成为巴拿马重要的经济支柱之一。

🔍 小百科

最初主持修建巴拿马运河的是法国人雷赛布，他因成功修建了苏伊士运河而一举成名，但志得意满的雷赛布却在开凿巴拿马运河的工程上一败涂地，将巴拿马运河的初期工程弄得一团糟，留下一个烂摊子给法国政府。

文明壮观
魁北克古城

魁北克古城
所属大洲：美洲
所属国家：加拿大
始建时间：1608 年

魁北克古城是北美最具欧洲韵味的城市，它不单单是一个"美"字可以形容的。浓厚的欧陆色彩使古城的景致别具特色。圣母大教堂、星形城堡等著名建筑更为魁北克古城平添了动人的风姿。

魁北克古城是加拿大最古老的城市，位于加拿大东部魁北克省境内。濒临圣劳伦斯河，也是圣查尔斯河汇入处。有"美洲直布罗陀"之称。它是北美洲唯一一个仍有古城墙环绕的城市。市内仍完整地保存着城院体系和法国风韵的历史建筑。

"魁北克"一词源于印第安语，意为"河流变窄处"。这里原为印第安人的居留地，1608 年法国探险家在此建立了魁北克城。魁北克扼守大西洋与加拿大内陆的入口，地理位置优越，在历史上是兵家必争之地。1759 年，法军战败，英军占领了魁北克古城，从 1820 年起，经过 11 年的时间，将其修筑成北美最著名的军事要塞。

魁北克古城中心区分为上城和下城两部分。上城是政治、文化中心，位于桌状高地的东北端;下城是魁北克城的居民区以及工商业集中地,建在崖壁之下。

魁北克古城的大街世界闻名，英、法两种文化融合在古城的建筑中，街道两侧不但有英国维多利亚时代的典型建筑，而且法国遗风的古典建筑也是魁北克景观的重要组成部分。

🔍 小百科

罗马风建筑又名"似罗马建筑"，是公元 9 世纪—12 世纪的西欧建筑风格。因采用古罗马式的券、拱，故名罗马风建筑。这种建筑一般以厚实的砖石墙、半圆形拱券、逐层挑出的门框装饰和交叉拱顶结构为主要特征。

地球文明壮观

QIU WENMING ZHUANGGUAN

大洋洲

文明壮观

悉尼歌剧院

悉尼歌剧院
所属大洲：大洋洲
所属国家：澳大利亚
始建时间：1957 年

作为 20 世纪世界七大奇迹之一的悉尼歌剧院，不仅是悉尼艺术文化的殿堂，更是悉尼的灵魂。在这里，每天的观光游客络绎不绝，在歌剧院前流连徘徊。

作为悉尼市的大型综合性文艺演出中心，悉尼歌剧院以其独特的建筑形象著称于世。它建在悉尼港内一块伸入海面的地段上，三面临水。歌剧院包括大、小两个音乐厅，一个歌剧厅和一个剧场，共有九百多间附属用房。悉尼歌剧院设备完善，使用效果优良，是一座成功的音乐、戏剧演出建筑。那些濒临水面的巨大白色壳片群，像是海上的帆船，又如一簇簇盛开的花朵，在蓝天、碧海、绿树的映衬下，婀娜多姿、轻盈皎洁。这座建筑被视为世界的经典建筑而载入史册，是当今最出色的建筑设计之一。

悉尼歌剧院在任何时候都被人们认为是澳大利亚最大胆的建筑作品，人们对它的描述五花八门，例如"破掉的蛋""巨大的贝壳""巨浪"或"集合音乐台"。

悉尼歌剧院之所以著名不仅是因为它的外形引人关注，而且它的建造过程也同样充满戏剧性。

曾经，澳洲没有一个高水平的音乐厅或歌剧院，到了 1950 年，澳洲人终于忍受不了这一尴尬的局面，于是在全世界范围内的建筑师中展开一场竞标：为拥有 300 万居民的悉尼市建造一座与之相配的歌剧

院。1957年，丹麦的建筑师约翰·乌特尚取得了竞标的胜利。他所设计的屋顶以大幅度展开，宛如巨大而纤细的船帆，令评审们印象深刻。

在执行这一宏伟计划的第一和第二方案时产生了令人吃惊的问题，首先是必须在贝尼隆半岛上增加建筑用地，而技术问题则是发生在铺设67米高由水泥柱支撑的拱形屋顶之时，如何用350千米长的缆绳对其加以固定？丹麦建筑师与他的客户发生了冲突，并愤然离开了悉尼，后来由4位澳大利亚的建筑师接替了他的任务。同时地方政要也为此计划起了争执，于是人们逐渐认为这个计划是疯狂的。

完成这一工程的资金由最初预算的700万澳币最终增长为1.02亿澳币。于是，为了专案集资，政府采取了发行乐透彩券的集资方式，免费的歌剧院门票也在奖品之内。由于最终需要1.02亿澳币才能完成此工程，于是奖品券的发行延长了很多年。歌剧院没能在计划的5年内完成而是花费了将近十六年的时间才得以竣工，这时所有的麻烦很快被遗忘了。即使最初有许多人认为设计太过前卫，但现在已经没有人再会质疑悉尼歌剧院的美丽了。它不但超凡脱俗，而且十分和谐，拱形的屋顶上，覆盖着一百多片白色的瓦片，入夜以后，在灯光的照射之下，建筑物上增添了许多别样的光彩，大型的玻璃帷幕总面积达6 223平方米，上面镶嵌着闪闪发光的黄绿色玻璃，在日光下交相辉映，熠熠生辉。

在建筑的内部，悉尼歌剧院已经远远超出了它作为一个世界级歌剧院的意义。在设计高雅的屋顶下，有剧院、音乐厅和电影院。悉尼歌剧院在任何一个见过它的人的心目中，都是一座难忘的杰出建筑。

歌剧院也为悉尼增添了新的历史意义。世界上的知名乐队、舞蹈家、歌唱家，及剧团等都以能在悉尼歌剧院演出而备感荣耀。这座圣洁而恢宏的建筑恰如静卧在海边的贝壳，也似从天际驶来的远帆……它的美深深地烙印在每个人的心中。

小百科

澳大利亚是一个由澳大利亚大陆和塔斯马尼亚等岛屿组成的国家，位于南太平洋和印度洋之间。其面积达769.2万平方千米，人口1 916万。该国以艾尔斯巨石、大堡礁、悉尼歌剧院闻名于世。